Liderhazalgo

José Enrique García Llop

Liderhazalgo

© Del texto: José Enrique García Llop
© Del diseño de portada: Eduardo Barrasa
© De esta edición: NPQ Editores
www.npqeditores.com
edicion@npqeditores.com

Primera edición: noviembre, 2024
Impreso en España

PEFC

Los papeles que usamos son ecológicos, libres de cloro y proceden de bosques gestionados de manera eficiente.

ISBN: 978-84-10453-27-2
Depósito legal: V-3896-2024

Liderhazalgo

José Enrique García Llop

NPQ Editores

Índice

liderazgo. 1. m. Condición de líder. 2. m. Ejercicio de las actividades del líder. 3. m. Situación de superioridad en que se halla una institución u organización, un producto o un sector económico, dentro de su ámbito.

«liderhazalgo». 1. m. Habilidad de actuar de manera decidida en el momento adecuado.

PRÓLOGO

En los diccionarios aparece el término *liderazgo* descrito con mucha definición. Un concepto claro que hace referencia a la condición de líder y del ejercicio de sus actividades como tal, es decir, como líder. Pero no existe, al menos todavía, una definición de un término que vaya mucho más allá de la definición de liderazgo. Se trata de la palabra «liderhazalgo». Para comenzar quiero definir este concepto como un término que abarca mucho más que la propia capacidad de inspirar y guiar a un equipo hacia objetivos comunes. Es una habilidad especial que surge cuando hay que tomar decisiones precisas en el momento adecuado. Una combinación de introspección y de proactividad. Escuchar, sí, pero también actuar.

«Liderhazalgo» es la habilidad de un líder para equilibrar esta dualidad (escuchar y actuar), para fomentar un entorno de trabajo productivo y mantener una vigilancia constante sobre las dinámicas externas que afectan a sus organizaciones.

Con mucha ilusión me gustaría contarte más sobre este concepto que pretende aportar herramientas y conocimientos necesarios a los líderes. ¿Para qué? Para actuar con propósito y eficacia, tanto a nivel interno con sus respectivos equipos como fuera de su ámbito empresarial: el mercado y la sociedad en general. Vamos a descubrir juntos estrategias, estudios de caso y consejos prácticos para que puedas convertirte en un líder que no solo piensa, sino que también actúa.

Ser líder es mucho más que una visión y una habilidad para delegar: requiere acción, decisión y propósito. Para ser un «liderhazalgo» debes adoptar un enfoque más activo y proactivo. No se trata de convertirte en un guía de tu equipo, sino de transformarte en un actor fundamental que se anticipa a los cambios, que tiene una visión global y que es capaz de moldear sus decisiones a su propio entorno en constante movimiento. A través de sus acciones un «liderhazalgo» crea culturas organizacionales resilientes y equipos muy motivados y, al mismo tiempo, se adapta con rapidez a las demandas externas.

A través de estas páginas vas a descubrir una completa hoja de ruta para convertirte en agente de cambio dentro de tu propia organización y mucho más allá, con estrategias prácticas, ejemplos del mundo real y una multitud de herramientas que podrás aplicar de inmediato. Quiero inspirarte para que actúes con confianza y determinación, para que tus decisiones y acciones tengan el poder de transformar no solo tu propia empresa, sino también el propio mundo que nos rodea.

¿Qué más te depara este libro? En estas páginas podrás explorar los principios fundamentales del liderazgo activo, indagar en la experiencia de aquellos que han dominado el arte de liderar con acción y comprobar con qué herramientas se puede conseguir una diferencia significativa y transformadora. No se trata de una recopilación de reflexiones, pensamientos o consejos de planificación. Se trata de liderar haciendo.

Bienvenidos a *LiderHazAlgo*.

PARTE I:
EL FUNDAMENTO DEL LIDERAZGO ACTIVO

CAPÍTULO 1: LA FILOSOFÍA DEL «LIDERHAZALGO»

***

INTRODUCCIÓN AL CONCEPTO DE LIDERAZGO ACTIVO

El liderazgo activo es un concepto que hay que tener muy en cuenta desde el principio. Por eso quiero empezar describiendo su importancia. Como liderazgo activo entiendo aquella filosofía que implica una participación directa y constante de las personas líderes en las actividades diarias de sus equipos. Esta acepción es justo lo contrario de aquellas perspectivas clásicas y tradicionales del liderazgo, a saber: delegación y supervisión desde la distancia.

Aquí quiero incidir en esto de la distancia y de la desconexión. Y es que un «liderhazalgo» es justo lo opuesto: una persona que se sumerge en los procesos operativos y estratégicos, que tiene una conexión continua y directa con los miembros del equipo. Aquella que demuestra su compromiso con los resultados compartidos de la organización, que es partícipe,

15

cómplice y tiene implicación en sus decisiones. Es conocedora de su entorno, dinámico y exigente; por lo tanto, es fundamental la capacidad de adaptación rápida gracias a la toma de decisiones que se asientan sobre informaciones concretas. Todo ello es crucial para el éxito. Sabe de lo que habla porque participa de forma directa en las actividades diarias, y desarrolla una comprensión profunda de los desafíos y de las oportunidades a las que se enfrenta el equipo. Esto equivale a tener una mayor eficacia y agilidad; a fomentar la cultura de la transparencia y de la comunicación abierta. En definitiva, trata de fortalecer la confianza y la moral del equipo.

Este liderazgo activo es una base sólida para la motivación, el bienestar y el desempeño de los empleados. A continuación, me gustaría ahondar en teorías clave sobre liderazgo activo y sus aplicaciones prácticas:

TEORÍA DE LA AUTODETERMINACIÓN (DECI & RYAN, 1985)

¿Por qué es importante esta teoría para comprender el liderazgo activo? Por su impacto en la motivación y en el bienestar de los empleados. Esta teoría fue desarrollada por Edward Deci y Richard Ryan en 1985, conocida como «teoría de la autodeterminación» (TAD) y se basa en que las personas tienen tres necesidades psicológicas básicas: autonomía, competencia y relación. Si estas se satisfacen, las personas están más motivadas, comprometidas y satisfechas con su trabajo. Vamos a ver en qué consiste cada una de ellas:

1. **Autonomía:** necesidad de tener bajo control las acciones y las decisiones propias. En relación con el lide-

razgo activo, se refiere a su capacidad para involucrar a los empleados en la toma de decisiones y darles la libertad de gestionar sus tareas. Todo ello supone una mejora de la satisfacción laboral, del compromiso y de la motivación intrínseca.

2. **Competencia:** capacidad y efectividad en la realización de las tareas. Un liderazgo activo supone la retroalimentación continua, la valoración del esfuerzo colectivo y el ofrecimiento de oportunidades de desarrollo. Este apoyo y reconocimiento del líder implica, para su equipo, fomentar el sentido del logro y de la confianza.

3. **Relación:** necesidad de sentir conexión y pertenencia con los demás. En este caso, el liderazgo activo fortalece las relaciones al crear un ambiente de trabajo colaborativo y de apoyo. Trabajar juntos hacia objetivos comunes es la cuestión fundamental para la motivación y el bienestar emocional del equipo.

Aplicación práctica

Imagina una empresa tecnológica: un liderazgo activo implicaría organizar reuniones de forma regular donde cada persona del equipo tenga la oportunidad de aportar ideas y de participar en la toma de decisiones estratégicas. Por ejemplo, el líder del proyecto podría involucrar a los desarrolladores en la planificación del *roadmap* del producto, así se pueden influir en las prioridades y estrategias.

En resumen: fomenta el sentido de pertenencia, el compromiso con las empresas y sus objetivos y, por tanto, la motivación.

TEORÍA DE LA AUTOEFICACIA (BANDURA, 1977)

Creer en uno mismo es fundamental, tanto en el ámbito personal como el colectivo. La autoeficacia es un concepto analizado por Albert Bandura en su teoría de 1977. Según nos cuenta, la creencia en la propia capacidad para realizar tareas específicas influye de forma significativa en la motivación y en el desempeño. ¿Cómo que se puede fortalecer la autoeficacia de los empleados? A través de la retroalimentación y del apoyo de forma constante. Si los trabajadores observan una implicación activa de sus líderes y reman codo con codo ante los desafíos, sin duda sus propias habilidades aumentan y conllevan un mejor rendimiento y una mayor disposición para asumir riesgos y responsabilidades.

<u>Aplicación práctica</u>

Imagina a un líder de ventas que está preparando una importante presentación con su equipo. El *coaching* y el *feedback* en tiempo real refuerza la confianza de los empleados en sus propias habilidades, además de mejorar la calidad de las presentaciones.

En resumen: mejora del desempeño y de la disposición para enfrentar desafíos futuros.

TEORÍA DEL APEGO EN EL LIDERAZGO (BOWLBY, 1969)

Sobre la importancia del apego en el liderazgo hay una importante teoría de 1969 de John Bowlby. Los patrones de apego formados en la infancia influyen en nuestras relaciones a lo largo de la vida, y esto interviene también en las relaciones laborales. Un liderazgo activo, en este sentido, es capaz de formar vínculos fuertes y saludables con su equipo a través de la confianza y del apoyo mutuo. Un líder que cuida el ambiente de trabajo, aportando seguridad y colaboración, permite que los empleados se sientan valorados y motivados.

Aplicación práctica

Crea un ambiente seguro donde el equipo se sienta cómodo expresando sus preocupaciones y desafíos. Por ejemplo, a través de reuniones individuales y regulares para discutir el bienestar y el desarrollo profesional de cada empleado. Así podrás fortalecer la relación y la confianza dentro del equipo.

En resumen: mejora la satisfacción laboral, aumenta la cohesión y la colaboración del equipo.

LIDERAZGO TRANSFORMACIONAL VS. TRANSACCIONAL (BURNS, 1978; BASS, 1985)

James MacGregor Burns y Bernard Bass diferenciaron entre el liderazgo transformacional y el transaccional. El primero (transformacional) trata de inspirar y motivar al equipo a través de la visión y del carisma; el segundo (transaccional) está basado en el intercambio de recompensas por el desempeño. El liderazgo activo combina ambos estilos con especial énfasis en la participación personal en las tareas diarias para que sean más efectivas en el entorno empresarial.

Aplicación práctica

Como CEO de una empresa, motiva e inspira a tu equipo hacia objetivos comunes y participa en las reuniones de planificación y desarrollo de productos.

En resumen: debes involucrarte de forma activa en las tareas diarias para aportar una orientación práctica y de apoyo cuando sea necesario.

IMPORTANCIA DE LA ACCIÓN EN EL LIDERAZGO

Acción: un pilar fundamental del liderazgo activo. Además de tomar decisiones estratégicas, debes participar de forma activa para demostrar el alcance de objetivos. Con ello se fortalece tu credibilidad y autenticidad. Tu compromiso supone no solo el éxito de la organización, sino también el bienestar y el desarrollo de cada miembro del equipo.

Aplicación práctica

Imagina una organización de servicios financieros donde, como líder activo, tendrás que involucrarte en la resolución de problemas críticos con los clientes. Tu presencia en este tipo de situaciones complicadas muestra no solo tu compromiso con la satisfacción del cliente, sino también tu capacidad de enfrentar y resolver problemas de manera activa. En resumen: refuerzas la cultura de servicio al cliente y mejoras la competencia del equipo.

IMPLEMENTACIÓN PRÁCTICA DEL LIDERAZGO ACTIVO

Para comenzar el camino del liderazgo activo hay que hacer cambios tanto en la mentalidad como en la práctica diaria de la organización. No se trata de un compromiso superficial, sino de una profunda y constante transformación en el equipo, así como en los procesos operativos. Para llevar a cabo esta implementación práctica del liderazgo activo, te presento algunas estrategias:

1. **Participación en reuniones y actividades diarias:** tu presencia es fundamental; debes estar involucrado en reuniones y actividades del día a día del equipo, tanto para estar actualizado de progresos y desafíos como para demostrar tu propio compromiso con el trabajo del grupo.

2. **Comunicación abierta y efectiva:** esta es relevante para fomentar un ambiente cómodo donde los empleados puedan compartir sus ideas, inquietudes y generar *feedback*. Así hay también una identificación temprana de problemas y colaboración para las posibles soluciones.

3. **Empoderamiento de los empleados:** debes dar autonomía a tu equipo para que tome decisiones y que adquiera conciencia de la responsabilidad de sus tareas. Que tenga confianza y apoyo para desempeñar sus roles de manera efectiva.

4. **Desarrollo y capacitación continua:** compromiso con el progreso profesional de los empleados y con la identificación de oportunidades de formación y crecimiento, además de proporcionar los recursos necesarios para la mejora de las habilidades y de los conocimientos de los equipos.

5. **Retroalimentación y reconocimiento:** la retroacción continua y la valoración del esfuerzo y de los logros de tu equipo te permitirá mantener la motivación y el compromiso. Tu papel, en este sentido, será proporcionar un *feedback* constructivo y celebrar los éxitos, destacando la contribución de cada miembro del grupo.

6. **Modelación del comportamiento deseado:** eres un ejemplo a seguir y debes demostrar tus valores y comportamientos a través de acciones. Por ello hay tres pilares fundamentales: accesibilidad, integridad y consistencia en el enfoque.

7. **Adaptabilidad y flexibilidad:** capacidad de adaptarse a diferentes situaciones y estilos de trabajo. No hay un patrón estanco, sino un modelo que se ajusta a las necesidades del equipo y de las propias circunstancias cambiantes.

8. **Establecimiento de objetivos claros y medibles:** los propósitos de tu organización deben ser claros y medibles para que todos los miembros del grupo comprendan sus roles y sus responsabilidades. Las contri-

buciones individuales impactan en los objetivos generales de la empresa.

9. **Fomento de la colaboración y del trabajo en equipo:** como líder activo deberás promover un ambiente de colaboración y trabajo colectivo. Por ello, hay que crear oportunidades para trabajar conjuntamente en proyectos y destacando el ambiente positivo de relaciones entre compañeros.

10. **Manejo efectivo del tiempo:** la gestión del tiempo es crucial para equilibrar la participación en las tareas diarias con las responsabilidades estratégicas y administrativas.

BENEFICIOS DEL LIDERAZGO ACTIVO

Un liderazgo activo necesita comprobar sus propios resultados: los beneficios. Es evidente la gran cantidad de beneficios de transformar el liderazgo hacia una posición de mayor implicación. A continuación, repasamos las principales ventajas de un liderazgo activo:

1. **Más compromiso y motivación:** cuando te involucras en las actividades diarias y, por tanto, demuestras tu compromiso con el equipo, también induces la motivación de los empleados.

2. **Mejora en la toma de decisiones:** tu proactividad en procesos operativos y comunicativos te permite tomar decisiones más informadas y, en definitiva, más efectivas.

3. **Fomento de la innovación:** como líder activo fomentas un ambiente donde la creatividad y la innovación son valoradas y promovidas.

4. **Desarrollo de habilidades y competencias:** la creación de oportunidades de desarrollo y capacitación conduce a la mejora de las habilidades y competencias de los trabajadores, lo que supondrá un éxito, a largo plazo, para la propia empresa.

5. **Mejora en la cohesión del equipo:** gracias al fomento de la participación activa y del apoyo constante se fortalecen las relaciones de colaboración y de cohesión dentro del grupo.

6. **Aumento de la satisfacción laboral:** un liderazgo activo propicia que los empleados se sientan más valorados y satisfechos con su trabajo, lo que puede derivar en una menor rotación del personal y, por tanto, en una mayor retención del talento.

7. **Mejora en el desempeño general:** cuando se abordan los problemas de modo proactivo y se incentiva el desarrollo continuo, las personas líderes activas pueden mejorar el desempeño general de sus equipos y de la propia organización.

DESAFÍOS DEL LIDERAZGO ACTIVO

Hay que tener muy en cuenta tanto los beneficios como los desafíos implícitos que conlleva un liderazgo activo, y que deberás superar para implementar este enfoque de manera efectiva. A continuación, te comento algunos de los principales retos con los que vas a encontrarte:

1. **Equilibrio entre participación y delegación:** el equilibrio entre tu participación activa en las tareas diarias y la capacidad de delegar responsabilidades será fundamental. Un exceso de participación puede conducir a la microgestión, y una delegación excesiva puede derivar en la desconexión con el equipo.

2. **Gestión del tiempo:** como líder activo deberás administrar tu tiempo de manera efectiva para poder participar en las actividades diarias, pero sin descuidar otras responsabilidades estratégicas.

3. **Manejo del estrés:** la participación y el cumplimiento de las tareas del día a día y la gestión de múltiples responsabilidades puede generar estrés y agotamiento, por ello será fundamental mantener un equilibrio saludable entre el trabajo y la vida personal.

4. **Adaptación a diferentes estilos de trabajo:** deberás ser flexible con cada personalidad y formas de trabajo de tus empleados, y tendrás que adaptarte a sus necesidades y preferencias para un liderazgo efectivo.

5. **Resistencia al cambio:** un liderazgo activo puede encontrar resistencia de aquellos empleados acostumbrados a un liderazgo más tradicional, por lo que

deberás comunicar los beneficios de este enfoque, ganarte la confianza y el apoyo de tu equipo.

6. **Desarrollo de habilidades de liderazgo:** debes desarrollar las habilidades de comunicación, gestión de conflictos, *coaching* y desarrollo de equipos para tu rol de líder activo.

ESTRATEGIAS PARA SUPERAR LOS DESAFÍOS DEL LIDERAZGO ACTIVO

Tras conocer los retos a los que tiene que hacer frente un liderazgo activo, te propongo una serie de estrategias para superar cualquier desafío que aparezca en el horizonte:

1. **Capacitación y desarrollo:** hay que invertir en la capacitación y en el desarrollo continuo de habilidades a través de programas de formación que aborden áreas clave, como la comunicación efectiva, la gestión del tiempo y la resolución de conflictos.

2. **Delegación efectiva:** hay que delegar de manera efectiva para evitar la microgestión y fomentar la autonomía del equipo; además, debes identificar las fortalezas de cada miembro del equipo y asignar tareas en consecuencia. Apoyo sí, pero sin una intervención excesiva.

3. **Gestión del tiempo y priorización:** hay que gestionar el tiempo y priorizar tareas para equilibrar tu participación activa con otras responsabilidades. Algunas herramientas puedes implementar son: listas de

tareas, calendarios y otras técnicas útiles de gestión del tiempo.

4. **Autocuidado y manejo del estrés:** hay que cuidarse uno mismo y manejar el estrés a través de técnicas como la meditación, el ejercicio físico y el establecimiento de límites claros entre el trabajo y el tiempo personal.

5. **Fomento de una cultura de apertura al cambio:** hay que impulsar una comunicación clara y efectiva para superar la resistencia al cambio: involucra a tu equipo en el proceso, escucha sus inquietudes y aporta el apoyo necesario para la transición.

6. **Desarrollo de relaciones fuertes:** construye relaciones sólidas y de confianza con los miembros de tu equipo para garantizar el éxito del liderazgo activo. Conoce a tus empleados, comprende sus necesidades y crea un ambiente de apoyo y de colaboración.

CASOS DE ÉXITO DE LÍDERES PROACTIVOS

Existen muchos casos sobre la efectividad del liderazgo activo que te pueden servir de guía. A continuación, me gustaría presentarte algunos ejemplos destacados de líderes que han implementado con éxito un enfoque de liderazgo activo:

1. **Elon Musk:** su participación directa en Tesla y SpaceX demuestra cómo la implicación puede acelerar la innovación. Además de dirigir sus empresas, también

participa en detalles técnicos y trabaja codo con codo con su equipo. Una proximidad que impulsa la moral del grupo y permite ajustes estratégicos y efectivos según las necesidades emergentes.

2. **Sheryl Sandberg:** su papel en Facebook es fundamental para la promoción de una cultura de apertura y empoderamiento, con un enfoque activo para liderar iniciativas de diversidad e inclusión capaces de transformar la cultura de una organización.

3. **Satya Nadella:** como CEO de Microsoft ha conseguido revitalizar la empresa a través de la empatía y la colaboración con el impulso de la cultura de innovación y crecimiento, además de mejorar el compromiso y la motivación de los empleados.

CONCLUSIONES

Llega el momento de sintetizar todos los conceptos expuestos hasta el momento sobre el liderazgo activo. Es una filosofía de gestión capaz de transformar la dinámica de un equipo y, por tanto, de mejorar el desempeño y la satisfacción de los empleados. Es importante involucrarse de forma directa en las actividades diarias, fomentar la comunicación abierta y apoyar el desarrollo profesional de los equipos para crear un ambiente de trabajo colaborativo y motivador.

Un liderazgo activo no está exento de desafíos, pero son sus beneficios los que compensan con creces las dificultades.

Verás que este enfoque repercutirá en el aumento del compromiso, la motivación y la innovación; además mejorará la toma de decisiones y la cohesión del equipo.

Es beneficioso tanto para la organización como para cada uno de sus miembros, y enriquece también la propia experiencia de liderazgo. Es una oportunidad para comprender de forma profunda al equipo y sus procesos operativos, además de construir relaciones más fuertes y significativas con sus empleados.

Tras conocer el concepto de liderazgo activo, su importancia y los principios clave para su implementación, obtendrás herramientas y estrategias prácticas para que puedas desarrollarlo de manera efectiva en tu organización.

Capítulo 2: conociéndote a ti mismo

***

INTRODUCCIÓN

«Conócete a ti mismo» anunciaba a la entrada del Oráculo de Delfos. Este continúa siendo un mensaje relevante para todos y cada uno de nosotros más de dos mil años después. El autoconocimiento es fundamental para cualquier líder, ya que implica saber de sus propias fortalezas, debilidades, valores, motivaciones y del propio estilo de liderazgo.

Te adentras en un terreno de exploración interna, de autoconciencia, de evaluación de la personalidad y de desarrollo de una visión personal, única y propia. A través de herramientas prácticas y teóricas que te presentaré a continuación, podrás conocerte mejor para convertirte en un líder más efectivo y auténtico. Es hora de conocerse uno mismo.

LA AUTOCONCIENCIA Y SUS IMPLICACIONES EN EL LIDERAZGO

Para conocerte a ti mismo debes tener autoconciencia: capacidad de reflexionar y de comprender tus propios pensamientos, emociones y comportamientos. Es todo un proceso introspectivo que te permitirá identificar tus estados internos y cómo influyen en tus propias acciones y decisiones.

La autoconciencia se divide en dos componentes principales: la autoconciencia interna y externa.

- **Autoconciencia interna:** es la comprensión de tus propios valores, pasiones, aspiraciones y patrones de comportamiento. Un terreno para saber quién eres y qué motivaciones tienes; una evaluación de tus propias fortalezas y debilidades.

- **Autoconciencia externa:** es la comprensión de cómo te perciben los demás. La capacidad para verte a ti mismo desde la perspectiva de otras personas, y así poder entender tus acciones, tus comportamientos y cómo estos afectan a quienes te rodean.

IMPORTANCIA DE LA AUTOCONCIENCIA EN EL LIDERAZGO

La autoconciencia y el liderazgo activo se necesitan y retroalimentan por varias razones:

1. **Toma de decisiones informada:** la autoconciencia es crucial para conocer, comprender y saber tus fortalezas, y cómo sacar partido de ellas; del mismo modo, para reconocer tus propios sesgos, tus limitaciones y tus debilidades. Toda esta información te permite maximizar su impacto positivo, a la vez que son clave para buscar apoyo o delegar en aquellos aspectos donde no seas tan fuerte.

2. **Gestión de las emociones:** la autoconciencia te permite gestionar tus emociones de manera más efectiva para tomar mejores decisiones, mantener la calma bajo presión y responder de forma constructiva a los desafíos.

3. **Mejora de las relaciones interpersonales:** al ser consciente de cómo te perciben los demás puedes ajustar tu comportamiento para mejorar las relaciones interpersonales. La autoconciencia te ayuda a ser más empático, comunicarte con efectividad y fomentar un ambiente de trabajo positivo y colaborativo.

4. **Desarrollo personal y profesional:** conocerse a ti mismo te permite identificar áreas de mejora para trabajar tu propio desarrollo continuo.

TÉCNICAS PARA DESARROLLAR LA AUTOCONCIENCIA

Para poder alcanzar la plenitud del conocimiento de tus fortalezas y debilidades, para saber cómo eres, quién eres, qué piensas y qué necesitas para evolucionar, nada mejor que las siguientes herramientas y técnicas para desarrollar tu autoconciencia:

1. **Reflexión diaria:** saca tiempo para ti mismo, para reflexionar sobre tus acciones y tus decisiones, pasadas y futuras, y para conocer mejor tus propias emociones.

2. *Feedback* **de 360 grados:** cada proyecto, cada propuesta y cada acción requiere de una evaluación propia, pero también es fundamental la opinión de los demás. Por ello es importante obtener *feedback* de compañeros, empleados y directivos para conseguir una visión valiosa de cómo te percibe el resto del mundo; y recibir retroalimentación de múltiples fuentes para conocerte mejor.

3. **Evaluación de personalidad:** para tener una mayor comprensión de los rasgos que componen tu personalidad y de cómo influyen en tu liderazgo puedes utilizar evaluaciones de personalidad, como el Inventario de personalidad de Myers-Briggs (MBTI) o el Indicador de personalidad de los cinco grandes.

4. *Coaching* **y mentoría:** debes confiar en la experiencia de un *coach* o mentor que te proporcione una perspectiva externa para que desarrolles una mayor autoconciencia y un mejor apoyo en el proceso de autoexploración.

APLICACIONES PRÁCTICAS DE LA AUTOCONCIENCIA EN EL LIDERAZGO

Para visualizar mejor la autoconciencia que puedes lograr como líder activo te doy algunas claves con estas aplicaciones prácticas:

- **Toma de decisiones informada:** si eres un líder demasiado optimista, puedes contrastar tus futuras decisiones consultando a personas más cautelosas para que sean más equilibradas y justas. Información es poder tomar mejores decisiones.

- **Gestión de las emociones:** en una situación de crisis la autoconciencia emocional es crucial para mantener la calma bajo presión, y para tomar decisiones racionales sin el impacto del estrés ni de la ansiedad.

- **Mejora de las relaciones interpersonales:** si conoces la percepción que los demás tienen de ti, puedes ajustar el estilo de comunicación para mejorar tus relaciones en la empresa. Si tienes fama de autoritario, deberás trabajar en ser más accesible y abierto a las opiniones de los demás.

- **Desarrollo personal y profesional:** si tienes dificultades para delegar, debes identificar áreas de mejora, buscar oportunidades de desarrollo para mejorar esta habilidad y poder delegar con absoluta confianza.

EVALUACIONES DE PERSONALIDAD Y DE LIDERAZGO

Importancia de las evaluaciones de personalidad

Las empresas son un cúmulo de personalidades y todas ellas deben entrelazarse para llevar a cabo un proyecto en común. Para evaluar tu propia personalidad existen herramientas valiosas que te brindan una comprensión profunda sobre ti mismo, te ayudan a identificar tus fortalezas y las áreas de mejora, y te permiten conseguir más efectividad en diferentes situaciones.

Principales herramientas de evaluaciones de personalidad utilizadas en el liderazgo:

1. **Inventario de personalidad de Myers-Briggs (MBTI):** basado en la teoría de tipos psicológicos de Carl Jung, clasifica a las personas en dieciséis tipos de personalidad que se centran en cuatro dimensiones:

extroversión/introversión, sensación/intuición, pensamiento/sentimiento y juicio/percepción. Cada tipo de personalidad tiene un estilo de liderazgo único; comprender cuál es tu tipo dentro de la clasificación del MBTI puede ayudarte para desarrollar un enfoque de liderazgo más efectivo.

2. **Indicador de personalidad de los cinco grandes (*Big Five*):** este modelo evalúa la personalidad en cinco dimensiones principales: apertura a la experiencia, responsabilidad, extroversión, amabilidad y neuroticismo. El *Big Five* te permite comprender cómo los rasgos de la personalidad afectan a tu comportamiento y a la toma de decisiones.

Ejemplo de evaluación de personalidad: test de los cinco grandes

Me gustaría proponerte un ejercicio práctico a través del Test de personalidad de los cinco grandes. A continuación, deberás completar cada ítem marcando la respuesta que mejor describe cómo afrontas cada uno de ellos. Para ello, utiliza esta escala:

1 = Totalmente en desacuerdo
2 = En desacuerdo
3 = Neutral
4 = De acuerdo
5 = Totalmente de acuerdo

Apertura a la experiencia

1. Me encanta aprender cosas nuevas.
2. Tengo una imaginación vívida.
3. Disfruto explorando ideas abstractas.
4. Me gusta probar cosas nuevas.
5. Aprecio el arte y la belleza.

Responsabilidad

1. Termino las tareas que empiezo.
2. Soy organizado/a.
3. Soy disciplinado/a y me enfoco en mis objetivos.
4. Me responsabilizo de mis acciones.
5. Planifico mi trabajo con antelación.

Extroversión

1. Me siento cómodo/a en grupos grandes.
2. Disfruto socializando con la gente.
3. Me siento lleno/a de energía cuando estoy con otras personas.
4. Me gusta ser el centro de atención.
5. Me siento entusiasmado/a por las nuevas oportunidades sociales.

Amabilidad

1. Soy considerado/a con los sentimientos de los demás.
2. Trato de ayudar a las personas cuando puedo.
3. Soy comprensivo/a y empático/a.
4. Soy paciente con los demás.
5. Trabajo bien en equipo.

Neuroticismo

1. Me siento ansioso/a con facilidad.
2. A menudo me siento deprimido/a o triste.
3. Me preocupo mucho por las cosas.
4. Soy sensible al estrés.
5. A veces tengo cambios de humor bruscos.

Interpretación de los resultados:

Suma las puntuaciones que realizaste en cada dimensión.

Las puntuaciones más altas indican una mayor presencia de ese rasgo de personalidad.

Apertura a la experiencia:

- Alta puntuación: creativo/a, curioso/a, abierto/a a nuevas experiencias.
- Baja puntuación: conservador/a, práctico/a, orientado/a a lo familiar.

Responsabilidad:

- Alta puntuación: organizado/a, fiable, disciplinado/a.
- Baja puntuación: impulsivo/a, desorganizado/a, espontáneo/a.

Extroversión:

- Alta puntuación: sociable, enérgico/a, asertivo/a.
- Baja puntuación: reservado/a, tranquilo/a, introspectivo/a.

Amabilidad:

- Alta puntuación: amable, cooperativo/a, compasivo/a.

- Baja puntuación: competitivo/a, crítico/a, distante.

Neuroticismo:

- Alta puntuación: propenso/a la ansiedad, emocionalmente inestable.
- Baja puntuación: tranquilo/a, resiliente, emocionalmente estable.

CÓMO UTILIZAR LAS EVALUACIONES DE PERSONALIDAD EN EL LIDERAZGO

1. **Identificación de fortalezas y debilidades:** con esta evaluación de la personalidad podrás comprender tus puntos fuertes y capitalizarlos para maximizar su impacto; además, podrás reconocer también tus debilidades y trabajar para mejorar esos aspectos de tu personalidad o bien buscar el apoyo necesario.

2. **Adaptación del estilo de liderazgo:** conocerse uno mismo implica una mejor adaptación a tu estilo de liderazgo. Es decir, un líder con personalidad extrovertida necesita aprender a escuchar más y dar voz a las personas introvertidas del equipo; o bien, un líder con un alto nivel de responsabilidad deberá delegar más tareas para evitar su propio agotamiento.

3. **Mejora de la comunicación:** tu autoconocimiento y el de tu equipo implica una mejora en la capacidad de comunicación, pues conocer las preferencias, las debilidades y las virtudes propias y del grupo de trabajo te permitirá pulir la comunicación, para que sea más clara y efectiva.

4. **Desarrollo de la inteligencia emocional:** toda evaluación de personalidad proporciona una información muy valiosa sobre nuestra inteligencia emocional, clave para mejorar las relaciones interpersonales, la capacidad de gestionar conflictos y la motivación de los equipos.

INTEGRACIÓN DE EVALUACIONES DE PERSONALIDAD EN EL DESARROLLO DEL LIDERAZGO

Evaluaciones continuas y retroalimentación: las evaluaciones de personalidad no debes interpretarlas como un caso aislado, sino como parte de un proceso continuo de desarrollo de liderazgo. Por ello es recomendable realizar sesiones regulares de retroalimentación y *coaching*, además de la revisión periódica de los resultados de las evaluaciones de personalidad para asegurar su efectividad.

Planificación del desarrollo personal: con los resultados de las evaluaciones de personalidad puedes llevar a cabo un plan de crecimiento personal a través de la identificación de áreas de mejora, y concretar objetivos específicos y medibles para trabajarlos en el futuro. Con un cronograma podrás revisar y ajustar los planes de desarrollo según convenga.

Ejemplo práctico: supongamos que, tras realizar el test de los cinco grandes, descubres que tienes una puntuación baja en la dimensión de responsabilidad. Gracias a este conocimiento puedes llevar a cabo un plan de mejora de tu empresa y gestionar mejor el tiempo: establecer objetivos para optimizar la puntualidad en la entrega de proyectos; organizar el trabajo diario con listas de tareas; buscar recursos adicionales, como cursos de gestión del tiempo o herramientas de productividad.

DESARROLLAR UNA VISIÓN PERSONAL

Importancia de tener una visión personal

La efectividad de tu liderazgo se asienta sobre la perspectiva que tienes de ti mismo para conocer los objetivos y la forma de conseguirlos. Se trata de conseguir propósitos y una dirección clara para tomar decisiones alineadas con tus valores y objetivos a largo plazo.

1. **Claridad y enfoque:** a través de tu visión personal podrás mantener un enfoque claro para la toma de decisiones y así poder priorizar acciones acordes con los valores y objetivos a largo plazo.

2. **Motivación y compromiso:** una visión personal clara y convincente es una poderosa fuente de motivación. Es preciso tener perseverancia en momentos de dificultad y compromiso con los objetivos.

3. **Influencia y liderazgo:** una visión personal decisiva puede inspirar y motivar a tu equipo en torno a un propósito común, con el implícito fomento del sentido de pertenencia y compromiso del grupo.

Cómo desarrollar una visión personal

Para tener tu propia visión personal necesitas reflexión y una planificación cuidadosa. Los pasos clave para crear esta visión personal son:

1. **Reflexión sobre valores y pasiones:** piensa en lo que en realidad te importa y te apasiona, a través de una profunda reflexión sobre tus valores, para comprender lo que quieres lograr y aquello importante para ti. Hazte preguntas:

   ¿Qué actividades me hacen sentir más vivo/a y comprometido/a?

   ¿Qué temas me apasionan y me inspiran?

   ¿Qué valores guían mis decisiones y comportamientos diarios?

   ¿Qué tipo de impacto quiero tener en el mundo y en las personas que me rodean?

2. **Definición de objetivos a largo plazo:** ¿Qué quieres lograr en los próximos cinco, diez o veinte años? Con objetivos claros y medibles podrás tener una guía de actuación y un sentido de propósito.

   Para establecer objetivos a largo plazo claros y alcanzables, te recomiendo utilizar la metodología SMART (específicos, medibles, alcanzables, relevantes y con un tiempo determinado). Por ejemplo: en lugar de decir «quiero ser un mejor líder», un objetivo SMART sería: «Quiero completar un programa de certificación en liderazgo dentro de los próximos doce meses para mejorar mis habilidades de gestión y de comunicación».

3. **Elaboración de una declaración de visión:** expresa cuáles son tus logros y cuál es el plan para conseguirlo, a través de una declaración inspiradora y motivadora que refleje tus valores y aspiraciones. Debe ser una brújula para tus acciones y decisiones. Aquí te dejo algunos ejemplos:

   «Quiero ser un líder que inspire a mi equipo a alcanzar su máximo potencial, fomentando un ambiente de trabajo colaborativo y de apoyo».

   «Quiero liderar con integridad y compasión, creando un ambiente de trabajo donde cada miembro del equipo se sienta valorado y empoderado para alcanzar su máximo potencial».

   «Mi visión es transformar la educación en mi comunidad, proporcionando recursos y apoyo para que todos los estudiantes tengan la misma oportunidad de alcanzar el éxito académico y personal».

4. **Planificación y acción:** crea un plan de acción para alcanzar tus objetivos. Identifica cada paso a través de un cronograma, y asigna recursos con un sentido realista y flexible para que el plan se ajuste según sea necesario. Por ejemplo: si el objetivo es mejorar tus

habilidades de liderazgo, encuentra tiempo para realizar cursos específicos y busca oportunidades para aplicar todo lo aprendido en situaciones reales.

5. **Revisión y ajuste:** el desarrollo de una visión personal y el consecuente plan de acción no es un proceso estático, sino que debe estar sometido a revisiones y ajustes, que se amolden a los valores y objetivos establecidos a largo plazo. Impulsar una reflexión continua para adaptarse a los cambios y seguir el camino hacia el logro de la visión personal. Por ejemplo: puedes revisar progresos de forma trimestral para hacer evaluaciones y hacer los ajustes necesarios.

HERRAMIENTAS PARA DESARROLLAR UNA VISIÓN PERSONAL

A continuación, vamos a definir las herramientas y las técnicas que te pueden ayudar a desarrollar y articular tu propia visión personal:

1. *Journaling* **o escritura reflexiva:** escribir un diario de reflexión puede ser una herramienta poderosa para desarrollar la autoconciencia y la visión personal. Si dedicas tiempo, con regularidad, a tomar nota de tus experiencias, emociones, valores y objetivos, podrás clarificar tus pensamientos e identificar patrones y tendencias.

2. *Mind mapping***:** es una técnica visual para organizar tus ideas y pensamientos de modo estructural. Crea un mapa mental de tus pasiones, valores y objetivos;

observa cómo se interrelacionan e identifica áreas de enfoque y prioridades.

3. **Análisis FODA (fortalezas, oportunidades, debilidades y amenazas):** es una evaluación de las fortalezas y debilidades internas, además de las oportunidades y amenazas externas; proporciona una visión de tus capacidades y limitaciones, y sirve de ayuda para identificar áreas de mejora y oportunidades para el crecimiento.

4. *Feedback* **de terceros:** conocer las opiniones de colegas, mentores y amigos puede aportar una perspectiva externa muy valiosa sobre tus valores y objetivos, con sugerencias e *insights* que no hayas tenido en cuenta y que te ayudarán a desarrollar una visión más completa y equilibrada.

CONCLUSIONES

El autoconocimiento, las evaluaciones de personalidad y el desarrollo de una visión personal son fundamentales para un liderazgo efectivo y auténtico. Conocerse a uno mismo permite comprender las fortalezas y las debilidades, además de gestionar las emociones de forma efectiva para construir relaciones sólidas y colaborativas con el equipo.

Las evaluaciones de personalidad son importantes para una profunda identificación de las áreas de mejora. A la vez, sirven para impulsar planes de acción específicos y poder crecer como líder.

El desarrollo de una visión personal proporciona un sentido de propósito y de dirección, una ayuda para tomar decisiones en la línea de tus valores y objetivos a largo plazo. Esta puede ser determinante para motivar a tu equipo y ser la guía hacia un liderazgo efectivo y auténtico.

El viaje hacia el autoconocimiento y el crecimiento personal es continuo y dinámico. Si te conoces a ti mismo y trabajas en ello, estarás mejor preparado para enfrentarte a los desafíos del liderazgo, para inspirar y guiar a tu grupo hacia el éxito.

Capítulo 3: CONSTRUYENDO LA BASE INTERNA

***

INTRODUCCIÓN

Un liderazgo eficaz no depende exclusivamente de tus propias habilidades, sino también de aquellos fundamentos sólidos sobre los que está construida la organización: los valores y la cultura empresarial, la claridad de la misión y de la visión, y las estrategias para fortalecer la cohesión de tu equipo.

Es hora de explorar el desarrollo y el mantenimiento de estos fundamentos para crear un entorno de trabajo robusto y positivo capaz de promover el bienestar de los empleados y asegurar el éxito organizacional.

LA IMPORTANCIA DE LOS VALORES Y DE LA CULTURA ORGANIZACIONAL

Los valores y la cultura organizacional definen la identidad y la operativa de cualquier empresa. Por un lado, los valores representan las creencias y los principios fundamentales que guían las decisiones y definen los comportamientos dentro de la compañía. Por otro lado, la cultura organizacional es la manifestación de estos valores en el día a día. Ambos componentes conforman el núcleo ético y moral de la empresa e influyen en todo lo demás: desde la toma de decisiones hasta en la forma en que los empleados interactúan entre sí y con los clientes.

Definición de valores organizacionales

Los valores organizacionales son la brújula moral de la empresa, definen todo lo relevante para la organización, y sirven de guía para el comportamiento de sus miembros. Entre los valores comunes a muchas otras organizaciones se encuentran la integridad, el respeto, la excelencia, la innovación y la responsabilidad social. Vamos a analizar cada uno de ellos:

1. **Integridad:** actuar de manera ética y honesta en todas y cada una de las situaciones. Este valor fomenta la confianza y el respeto tanto dentro como fuera de la organización.

2. **Respeto:** tratar a todas las personas con dignidad y consideración. Este valor es fundamental para crear un ambiente de trabajo inclusivo y colaborativo.

3. **Excelencia:** un compromiso continuo con la mejora y la calidad en todos los aspectos del trabajo.

4. **Innovación:** fomentar la creatividad y la búsqueda constante de nuevas ideas y soluciones.

5. **Responsabilidad social:** reconocer y asumir el impacto de las acciones de la empresa en la sociedad y en el medio ambiente.

Importancia de los valores organizacionales

Estos valores organizacionales, como verás, son esenciales. A continuación, vamos a detallar el porqué:

1. **Orientación y coherencia:** son una guía clara para la toma de decisiones y también para el comportamiento dentro de la organización, un seguro para que todo el mundo actúe de acuerdo con los principios fundamentales de la empresa.

2. **Identidad y propósito:** definen la identidad y el propósito organizacional a través de una cultura distintiva que diferencia tu empresa de la competencia.

3. **Compromiso y motivación:** alineación de los valores personales de tu equipo con los de la propia organización para asegurar el compromiso y también la motivación.

4. **Toma de decisiones ética:** es como una brújula moral que te ayudará a ti y a tus empleados a tomar decisiones éticas en situaciones complicadas.

Cultura organizacional

Por cultura organizacional se entiende al conjunto de creencias, comportamientos y valores en común que caracterizan a una organización. Algo así como el «ADN de tu empresa», que influye en el modo de trabajo, en las relaciones de los empleados entre sí y con la dirección, en el contacto con el cliente y en el enfrentamiento de los desafíos que van surgiendo con el tiempo. Por ello, deberás tener en cuenta estos aspectos de la cultura organizacional:

1. **Normas y prácticas:** todas aquellas reglas formales e informales que guían el comportamiento diario de tu organización.

2. **Rituales y ceremonias:** todas aquellas actividades y eventos que fomentan y refuerzan la cultura organizacional.

3. **Historias y símbolos:** se refiere a las representaciones visuales y narrativas que transmiten los valores y la propia historia de tu organización.

4. **Liderazgo y comunicación:** tu papel como líder es fundamental para propiciar la formación y el mantenimiento de la cultura organizacional.

Impacto de la cultura organizacional en el desempeño

Esta cultura organizacional también tiene un impacto sobre el desempeño. Analicemos, a continuación, en qué sentido:

1. **Compromiso y satisfacción de los empleados:** una cultura organizacional positiva puede aumentar el compromiso y la satisfacción de los trabajadores.

2. **Atracción y retención del talento:** una cultura organizacional fuerte y positiva es positiva para la atracción y la retención del talento.

3. **Innovación y creatividad:** una cultura organizacional abierta y colaborativa es un estimulante para la innovación y la creatividad.

4. **Rendimiento financiero:** la existencia de una cultura organizacional influye en la eficiencia operativa y en la propia satisfacción del cliente.

Desarrollando y manteniendo de los valores y la cultura organizacional

La cultura organizacional hay que mantenerla y darle continuidad, pues con el tiempo sufrirá variaciones, cambios y ajustes según vaya evolucionando la propia empresa, el sector y las circunstancias externas. Por ello, debes tener en cuenta muchos aspectos para que asienten y den continuidad a la cultura de la organización:

1. **Definición clara de valores:** identificar y definir claramente los valores fundamentales de la organización.

2. **Comunicación y promoción de valores:** los valores deben estar integrados en la misión y la visión de la empresa, promoverse a través de la comunicación interna y externa.

3. **«Vivir los valores»:** como líder debes ser un ejemplo a seguir y tendrás que demostrar estos valores a través de las acciones diarias.

4. **Reforzamiento de valores:** reconocer y recompensar el comportamiento que refleje estos valores fundamentales de la organización.

5. **Evaluación y ajuste continuo:** los valores fundamentales no son estancos, hay que evaluarlos y ajustarlos de forma asidua para asegurar que siguen su alineación con los objetivos de la empresa.

MISIÓN Y VISIÓN: DEFINICIÓN Y COMUNICACIÓN

Introducción

La definición y la comunicación de la misión y la visión de una organización es crucial para establecer una dirección clara y un propósito compartido. Ambas actúan como guías estratégicas para orientar las decisiones y las acciones de la empresa hacia la consecución de sus objetivos a largo plazo. Además, son una fuente de inspiración y de motivación para los empleados, y permite la alineación de sus esfuerzos con los de la dirección estratégica de la organización.

Desarrollo

Antes de continuar, hay que definir estos dos términos de los que te estoy haciendo especial hincapié:

1. **Misión:** es el propósito fundamental de la organización, su razón de ser. Responde a preguntas básicas como ¿por qué existimos? ¿Qué hacemos y a qué nos dedicamos? ¿Para quién lo hacemos? ¿A quién va dirigido?

2. **Visión:** es la aspiración futura de la organización, y responde a cuestiones como ¿dónde queremos estar en el futuro? ¿Qué queremos lograr a largo plazo?

Importancia de la misión y la visión

¿Por qué es tan importante la misión y la visión en una organización? A continuación, te doy algunas claves que te mostrarán su relevancia en cualquier empresa:

1. **Guía estratégica:** es la base para la planificación estratégica y la alineación de objetivos y acciones de la organización con su propósito y dirección a largo plazo.

2. **Motivación y compromiso:** son fuente de inspiración para motivar y comprometer a los empleados hacia objetivos comunes.

3. **Comunicación y alineación:** son la comunicación de las directrices y prioridades de la organización a todos los grupos de interés, y facilitan la alineación de esfuerzos y recursos.

4. **Diferenciación y posicionamiento:** son la diferenciación de la propia organización con respecto a sus competidores y el posicionamiento efectivo en el mercado.

Proceso de definición de misión y visión

Existe una serie de pasos útiles para la definición de la misión y la visión de una organización:

1. **Análisis interno y externo:** realizar un análisis interno para comprender las fortalezas, debilidades, oportunidades y amenazas (FODA) de la organización. A la vez, producir un análisis externo para comprender las

tendencias del mercado, las necesidades de los clientes y el entorno competitivo.

2. **Identificación de valores y propósitos:** detectar los valores fundamentales de la organización y su propósito principal.

   Reflexionar sobre preguntas clave: ¿Por qué existimos? ¿Qué queremos lograr? ¿Cómo queremos ser percibidos?

3. **Redacción de borradores:** escribir notas de la misión y visión y asegurarse de que sean claros, concisos e inspiradores.

4. **Revisión y retroalimentación:** examinar los borradores con líderes, empleados y otros grupos de interés para obtener retroalimentación y asegurarse, con sus respuestas, que reflejan la identidad y los objetivos de la organización.

5. **Comunicación y promoción:** comunicar la misión y la visión de manera efectiva a todos los niveles de la organización, e integrarlas en la comunicación interna y externa, en manuales de empleados, en sitios web y en materiales de *marketing*.

Misión y visión en la práctica

Tras asegurar, de modo teórico, una clara misión y visión acorde con el propósito de la organización, hay que llevarlas a la práctica:

1. **Incorporación en la estrategia organizacional:** es necesario alinear las estrategias y los planes operativos con la misión y visión de la organización.

2. **Evaluación y ajuste continuo:** hay que revisarlas y ajustarlas con regularidad para asegurar que son relevantes y continúan alineadas con los objetivos propuestos a largo plazo.

3. **Promoción y reforzamiento:** es importante promover y reforzar la misión y la visión a través de la comunicación continua, y el reconocimiento de comportamientos y logros que reflejen estos principios.

ESTRATEGIAS PARA FORTALECER LA COHESIÓN DEL EQUIPO

Introducción

Como líder deberás hacer especial hincapié en la cohesión del equipo, la cual es un factor clave para el éxito de la organización. Si consigues esta cohesión, podrás comprobar que el trabajo se realiza de manera más eficiente. También la comunicación, el compromiso y la satisfacción laboral serán mejores. La cohesión no surge de la nada ni por casualidad, pues requiere de un esfuerzo deliberado y de estrategias específicas para cultivarla y mantenerla a lo largo del tiempo.

Desarrollo

Importancia de la cohesión del equipo

1. **Mejora la comunicación:** un equipo cohesionado comunica de manera más abierta, colaborativa y efectiva, y reduce malentendidos.

2. **Aumenta la motivación y el compromiso:** un grupo conectado y valorado estará más motivado y comprometido con sus tareas y objetivos.

3. **Fomenta la innovación:** un equipo cohesionado crea un ambiente seguro y de mutuo apoyo donde los empleados se sienten cómodos compartiendo ideas y tomando riesgos.

4. **Mejora el desempeño:** un grupo cohesionado es más productivo y eficiente, y consigue mejores resultados en sus proyectos y tareas.

Estrategias para fortalecer la cohesión del equipo

Hay diversas estrategias que puedes poner en marcha para llevar a cabo la cohesión y fortalecimiento de la misma en tu organización:

1. **Construcción de confianza:** a través de la apertura y de la honestidad en las comunicaciones. Ello se logra cuando se promueve la transparencia en la toma de decisiones y en la gestión de la información. También funciona realizar actividades de formación

de equipos que promuevan la confianza y el entendimiento mutuo.

2. **Definición clara de roles y responsabilidades:** debes asegurarte que cada miembro del equipo tenga asumido su rol y su responsabilidad. Hay que establecer expectativas claras y proporcionar retroalimentación de forma regular.

3. **Fomento de la participación y de la colaboración:** es necesario establecer oportunidades de colaboración y de participación activa de todos los miembros del equipo, y promover un ambiente inclusivo donde se valoren todas las contribuciones.

4. **Reconocimiento y celebración de logros:** hay que reconocer y también celebrar los logros y contribuciones de los miembros del equipo. Se debe establecer un sistema de reconocimiento que valore tanto los esfuerzos individuales como los logros colectivos.

5. **Desarrollo de habilidades de comunicación y resolución de conflictos:** es importante proporcionar formaciones en habilidades de comunicación efectiva y en resolución de conflictos. Se tiene que fomentar un ambiente de trabajo donde los conflictos se aborden de manera constructiva y respetuosa.

6. **Promoción del bienestar y del equilibrio entre trabajo y vida personal:** hay que impulsar prácticas laborales que promuevan el bienestar y el equilibrio

entre trabajo y vida personal. Se deben proporcionar recursos y apoyo para la gestión del estrés y del bienestar mental y físico.

Evaluación y ajuste continuo

Como líder deberás tener en cuenta una evaluación y un ajuste continuo en los siguientes aspectos de la organización:

1. **Evaluación regular del clima del equipo:** a través de encuestas y evaluaciones regulares que puedan medir la cohesión del equipo y del clima laboral.

2. **Retroalimentación continua:** sobre las estrategias y prácticas implementadas y se obtiene de los miembros del equipo de forma continua.

3. **Ajuste y mejora de las estrategias y las prácticas**: se basan en la retroalimentación y en las evaluaciones realizadas de forma continua para fortalecer la cohesión del equipo.

CONCLUSIONES

Una base interna sólida es la clave para el liderazgo y el éxito de la organización. Los valores, la cultura organizacional, la misión y la visión definidos, las estrategias para fortalecer la cohesión del equipo son los pilares que hay que desarrollar y mantener de forma efectiva y eficiente. La creación de un entorno de trabajo positivo y productivo será fundamental para fomentar el compromiso, la innovación y el éxito a largo plazo.

Estas prácticas y estrategias te permitirán crear un entorno de trabajo sólido y positivo para promover tanto el bienestar de los empleados como el triunfo de la organización.

PARTE II: LIDERAZGO INTERNO

Capítulo 4: LA COMUNICACIÓN EFECTIVA

***

INTRODUCCIÓN

Vamos a soñar un sueño que puede hacerse realidad: cierra los ojos e imagina a tu equipo de trabajo ideal. Las ideas fluyen sin obstáculos, sin impedimentos. Ideas maravillosas que van aportando todos y cada uno de los miembros del equipo. Que cada persona se sienta escuchada, valorada. Un *feedback* constructivo, bien recibido. Inspirador. Motivador. Todo ello es un terreno fértil de grandes ideas dispuestas a prosperar. A hacer de tu empresa un mundo mejor. Ideal.

Es un sueño, sí, pero es posible y factible. Es alcanzable y puedes aspirar a que sea tu realidad. La clave para lograrlo está en el tema del que te quiero hablar ahora: la comunicación efectiva.

El poder de la comunicación va a ser el centro de este capítulo: la claridad, la efectividad, la magia de la escucha activa, el *feedback* constructivo o el silencio son algunas de las técnicas de comunicación que podrán transformar tu liderazgo, tu equipo y tu entorno.

Claves de una comunicación clara y efectiva

Caminar me inspira. Salir a dar vueltas para poner en su sitio cada pieza del rompecabezas diario. Una tarde, cuando iba sin rumbo fijo, pero con la mente repleta de ideas, por una calle bulliciosa del centro de mi ciudad, me encontré con un viejo amigo, Juan. Hacía tiempo que no sabía de él, pero seguía sus pasos. Se había convertido en director de una próspera empresa tecnológica. Fue tan casual aquel encuentro que quisimos recuperar el tiempo perdido y ponernos al día de nuestras respectivas vidas. Nos sentamos en una acogedora cafetería y comenzamos a recordar buenos y viejos tiempos. Juan compartió conmigo una historia muy reveladora sobre los desafíos de la comunicación en su empresa. Su anécdota se centró en una reunión crucial con su equipo de desarrollo en el cual, al parecer, había un problema técnico que necesitaba ser resuelto de forma urgente. Juan, entusiasmado tanto por nuestro encuentro como por sus ganas de transmitirme esta historia, empezó a utilizar términos técnicos complejos, al menos para mí, y extenderse en detalles minuciosos que desviaban el tema de fondo. Tras comprobar cierta cara de confusión por mi parte, y luego de un silencio incómodo por no saber bien qué decirle al respecto, quedó claro en ese instante que apenas había entendido el problema que intentaba compartirme. Y lo que me dijo a continuación fue la clave: «Ahí me di cuenta que por más brillante que sea una idea, si no se comunica con claridad se pierde en la confusión», dijo Juan.

Claridad y concisión

Aquí va una fórmula fundamental:

comunicación efectiva = claridad + concisión

Estos son dos términos que debes grabar a fuego para que la comunicación en tu empresa sea realmente efectiva. Dos palabras que Juan guardó en su mente a partir de nuestro encuentro y que se dio cuenta cuando trató de hacer llegar su mensaje a alguien de fuera de su organización. La misma cara que le puse yo mientras me contaba el problema que había en su empresa se podría trasladar a los miembros de su organización, pues muchos quizá tampoco entendían bien los mensajes que trasladaba su líder.

Hay que ser capaz de definir el objetivo del mensaje antes de hablar. Y Juan, a partir de entonces, se tomaba unos minutos antes de una reunión para hacerse estas preguntas: ¿Qué quiero lograr con esta comunicación? ¿Qué acción espero de mi equipo?

Cada vez que Juan tenía que comunicar algo importante, organizaba sus pensamientos, hacía un listado de puntos clave y usaba siempre un lenguaje directo y sencillo: «Es como cuando le cuentas a alguien cómo hacer una receta —me decía después de aquel primer encuentro—. No le das todos los detalles de dónde vienen los ingredientes; simplemente le dices lo esencial para que puedan hacer el plato».

Esta claridad y concisión se convirtió en parte del día a día de Juan: revisar y editar sus mensajes antes de enviarlos;

tomarse el tiempo necesario para releer y ajustar sus correos electrónicos y presentaciones para evitar redundancias y asegurar que su mensaje fuese claro y concreto.

Empatía y comprensión

A partir de aquel encuentro, Juan me contaría otros episodios ocurridos en su empresa que, estoy seguro, se pueden trasladar a experiencias que suceden en otras organizaciones. Hay épocas del año de mucho estrés para las compañías, pues existen campañas muy exigentes que implican una sobrecarga importante de tareas para las personas. En la empresa de Juan, Ana, una empleada muy responsable y profesional, aceptó una carga de trabajo abrumadora. Ella en aquel momento necesitaba contar su situación, y Juan se tomó todo el tiempo necesario para escucharla y comprender de qué se trataba. Había que empatizar con ella, lo que se consigue a través de la experiencia. «Escuchar activamente a Ana y validar sus sentimientos fue un cambio de juego», me contó Juan.

Cuando se reconoce el estrés y se ofrece apoyo en lugar de una presión adicional, se puede solucionar el problema de fondo. Esto se consigue a través de la empatía y comprendiendo la situación del prójimo; se fortalece así la relación entre ambos y mejora, por tanto, la moral y el clima de todo el equipo. «Fue como bailar un tango; necesitaba ser sensible a las señales de mi pareja para ajustar mis movimientos», comparó Juan.

A veces, el simple hecho de escuchar y validar los sentimientos de alguien puede aliviar una gran carga de estrés.

Comunicación asertiva

¿Qué es la comunicación asertiva? Es una habilidad clave que permite expresar pensamientos, sentimientos y creencias de manera abierta, honesta y respetuosa, sin infringir los derechos de los demás.

Otra situación real que experimentó Juan en su empresa tuvo que ver con Mario, con quien debía abordar un comportamiento problemático sin causar conflicto ni resentimiento.

«Es como caminar por una cuerda floja: tienes que mantener el equilibrio entre ser honesto y no herir a la otra persona», confesó Juan. Por eso, Juan tuvo que ser claro y sincero sobre el comportamiento de Mario, que afectaba al equipo; pero no lo hizo poniendo acusaciones de terceras personas («Me han contado que...»; «Dicen de ti que...») sino en primera persona («Yo siento que...»; «Yo pienso que...») para evitar que Mario se sintiera atacado. Gracias a una comunicación asertiva, sin que Mario cree un muro de contención, se produjo una discusión constructiva sobre cómo mejorar la situación.

Comunicación positiva

En otra ocasión, Juan me contó una situación que llevó a su equipo a la desmotivación absoluta. Se trató de un proyecto desafiante y exigente hizo que todo el grupo viese su resolución como una misión imposible. Y fue aquí cuando surgió la solución al reto: desarrollar una comunicación positiva, enfocarse en lo bueno, ofrecer reconocimiento y apoyo, y fomentar un ambiente de optimismo y colaboración.

La consecuencia directa es la motivación del equipo, y la elevación de su moral.

«Es como ser un animador: tienes que mantener a todos motivados y enfocados en el objetivo, incluso cuando las cosas se ponen difíciles», relató Juan.

¿Cómo logró Juan levantar la moral del equipo? Pues destacando los éxitos conseguidos, aunque fuesen poco trascendentes, pero que permitieron mantener la motivación alta. Y como dio sus frutos, a partir de entonces en la empresa de Juan se reconocen y celebran los logros, tanto los grandes como los pequeños, lo cual se ha convertido en una práctica regular.

La comunicación positiva permite que una conversación gire hacia posibles soluciones y oportunidades de mejora. Así es como Juan ayudó a su equipo a sentirse más capacitado, seguro y optimista.

Escucha activa

La llegada de un nuevo proyecto es fuente de ilusión, pero también puede resultar un foco de conflicto. Juan me contó que, una vez, un nuevo proyecto provocó una acalorada discusión en su equipo; las voces se elevaron más de lo necesario y las opiniones se cruzaron sin que nadie llegase a ninguna conclusión clara de cómo abordar el proyecto. Fue entonces cuando a Juan se le vino a la cabeza una frase inspiradora de un antiguo mentor suyo: «La verdadera escucha no es solo oír palabras, sino entender el mensaje completo, incluidos los sentimientos y significados subyacentes».

Juan decidió poner plena atención en cada argumento del equipo. Para evitar distracciones apartó el ordenador portátil y guardó su móvil para atender con todos sus sentidos, sin nada que le distrajese. Y utilizó, también, señales verbales y no verbales para mostrar que estaba escuchando: asentir con la cabeza y mantener el contacto visual.

«Es como escuchar una sinfonía: no se trata solo de oír los instrumentos, sino de entender cómo se coordinan para crear algo hermoso», reflexionaba Juan al recordar este episodio. Con este grado de atención, Juan reflejaba y parafraseaba lo que escuchaba. Repetía las preocupaciones de los demás para confirmar que había entendido el mensaje. Esto no solo era un medio de comprensión, sino también de valoración de la persona que exponía uno u otro argumento y que se sentía escuchada. Sin interrupciones, con respeto y transmitiendo el mensaje completo, sin añadir ni quitar nada. Juan pudo, así, responder de manera reflexiva y pertinente y, con esta escucha activa, demostró que estaba dispuesto a colaborar y a proporcionar todo su apoyo.

Feedback constructivo

Un día Juan me contó uno de sus mayores desafíos: se trataba de Pedro, un desarrollador talentoso pero propenso a cometer errores por su velocidad en la forma de trabajar. Una crítica directa no sería efectiva, por lo que quiso encontrar otro modo. Es decir, encontrar una forma de corregir los errores de Pedro sin llegar a la desmotivación.

«Es como enseñar a alguien a montar en bicicleta: no solo le dices que se está cayendo, sino que le das las herramientas y el apoyo que necesita para mantenerse en equilibrio», explicaba Juan. Aquí entra en escena otro concepto clave: el *feedback* constructivo. Para llevarlo a cabo, Juan tuvo que reunir pruebas de los errores habituales, concretos, observables y específicos de Pedro. El siguiente reto fue encontrar el momento para hablar con él. No se trataba de abordarlo de cualquier modo y en cualquier circunstancia, sino encontrar el lugar adecuado y el momento oportuno, con privacidad y sin distracciones. Cuando todo estuvo preparado, Pedro acudió a la llamada de Juan quien, durante la conversación, se preocupó por utilizar un lenguaje claro y directo, sin tecnicismos ni confusiones. Enfocó el *feedback* no en la propia persona, sino en el comportamiento: «He notado que en los últimos proyectos hay errores en el código que podrían haberse evitado con una revisión más detenida». Había que evitar un discurso ofensivo e hiriente, diciendo cosas como «Eres descuidado». Con exposiciones de este tipo, Pedro no sintió un ataque directo. Equilibrar el *feedback* positivo y negativo fue crucial. Hubo que destacar las fortalezas de Pedro en su trabajo y todas sus contribuciones al equipo para mantener su motivación y asegurar una conversación constructiva antes que desalentadora.

El momento oportuno para tener la conversación fue importante, sin dilaciones ni estar fuera de contexto. Hubo que reaccionar con celeridad cuando se produjo un error por parte de Pedro para destacar este comportamiento y su necesidad de arreglo, dándole soluciones. Además de señalar áreas de mejora, Juan le ofreció sugerencias y recursos para ayudarlo a mejorar. Y, finalmente, le asignó un mentor para revisiones de código y para proporcionar acceso a recursos de aprendizaje.

TÉCNICAS DE ESCUCHA ACTIVA

La escucha activa es una habilidad poderosa para transformar la dinámica de un equipo. Como líder, te permitirá comprender a cada uno de los miembros de tu equipo y fomentar un ambiente de respeto y colaboración.

Definición y principios

Hay que ir más allá de oír las palabras ajenas, pues oír no es escuchar. Se trata de comprender y asimilar el mensaje que otra persona quiere transmitir. Esto incluye no solo el significado de la propia idea, sino también las emociones y otras expresiones subyacentes. Los componentes esenciales de la escucha activa son: atención plena, empatía, reflexión y parafraseo. Aquí te comparto una descripción de cada uno de ellos:

1. **Atención plena:** prestar toda la atención evitando distracciones y multitareas.

2. **Empatía:** comprender, asimilar y validar las emociones y perspectivas de otra persona.

3. **Reflexión y parafraseo:** incidir en lo que acaba de decir la otra persona para demostrar comprensión y asimilación del mensaje.

4. **Sin interrupciones:** la persona que transmite el mensaje no debe ser interrumpida hasta que concluya su exposición.

La importancia del silencio

El silencio puede ser incómodo, pero también se puede convertir en una poderosa herramienta en la escucha activa. Juan me contó una conversación que tuvo con un miembro de su equipo que estaba especialmente molesto por una situación. Los silencios que se producían en la conversación fueron el terreno donde Juan jugó, a través de estas pausas deliberadas, sin ocupar el silencio con palabras huecas. Así pudo darle tiempo al miembro del equipo molesto para organizar sus pensamientos y continuar con su mensaje.

En la comunicación se subestima el poder del silencio, pero este tiene un papel crucial en la escucha activa pues, aunque pueda resultar incómodo, estas pausas ayudan a conducir la comunicación hacia un terreno más profundo y significativo. Son instantes para reflexionar sobre lo que se está hablando, se procesan pensamientos y se responde de manera más considerada y auténtica. «El silencio es como una tela en blanco: da espacio para que las verdaderas emociones y pensamientos emerjan», define Juan.

Beneficios del silencio

Hay muchos beneficios del silencio en la escucha activa que podemos tener en cuenta para utilizar esta herramienta en aquellas situaciones que la requieran:

1. **Reflexión:** el silencio permite al líder y al empleado reflexionar sobre lo dicho, considerar diferentes perspectivas y formular respuestas más pensadas.

2. **Calma y control:** cuando hay tensión o emoción en una conversación, el silencio es una llamada a la calma, permite que las emociones se asienten y se reduce la probabilidad de respuestas impulsivas, defensivas y ofensivas.

3. **Espacio para la autenticidad:** el silencio permite dar lugar a respuestas auténticas y evitar las contestaciones espontáneas producto de la presión que no son acordes con un pensamiento más profundo o completo.

4. **Observación de señales no verbales:** gracias al silencio se pueden detectar señales no verbales a través del lenguaje corporal, las expresiones faciales y el tono de la voz, que proporcionan una comprensión más completa del mensaje.

Herramientas y técnicas para mejorar la escucha activa

A continuación, me gustaría exponerte una serie de herramientas y técnicas que te permitirán mejorar la escucha activa:

1. **Técnicas de eco y parafraseo:** se trata de repetir con tus propias palabras lo que el emisor ha dicho para demostrar comprensión. Para Juan este fue un

descubrimiento relevante, ya que no solo clarificaba el mensaje a través del parafraseo, sino que también permitía que el receptor se sintiera escuchado y valorado.

2. **Preguntas abiertas:** son preguntas que buscan una respuesta abierta, más allá del «sí» y del «no», y que permiten al emisor explayarse en sus argumentos y proporcionar más información. Conversaciones profundas como estas fueron conseguidas por Juan cuando empezó a realizar preguntas del tipo: «¿Puedes explicarme más sobre este tema?» o «¿Cómo te hace sentir esta situación?».

3. **Validación emocional:** reconocer y validar los sentimientos del emisor supone mostrar empatía y comprensión. En esto Juan fue determinante, ya que con el acercamiento emocional hacia las personas de su equipo proporcionó confianza a través de frases como «Puedo ver que esto es muy importante para ti» o «Entiendo que esto te ha afectado mucho».

4. **Resúmenes y recapitulaciones:** a través de los resúmenes y recapitulaciones se asegura la comprensión y retención de la información. Una frase recurrente de Juan cuando acaba una conversación suele ser: «Entonces, si entiendo correctamente, lo que me estás diciendo es...».

EL *FEEDBACK* CONSTRUCTIVO Y SU IMPACTO

Importancia

El *feedback* constructivo siempre es positivo. Supone una mejora continua en el ámbito laboral. Esta retroalimentación constructiva es motivación, es una ayuda para mejorar y fomentar, en todo momento, un ambiente de trabajo positivo.

En una conversación con Juan surgió la historia de Laura, quien luchaba, en su día a día en la empresa, con la gestión del tiempo. Para afrontar este problema, Juan recurrió al «*feedback* constructivo» que lo definió como una brújula, ya que «guía a las personas en la dirección correcta», me dijo Juan en una ocasión.

Beneficios del *feedback*

1. **Mejora del desempeño:** sirve de ayuda para que los empleados identifiquen áreas de mejora, para desarrollar habilidades y competencias. Siguiendo el ejemplo anterior, Laura aprendió a priorizar sus tareas y a gestionar su tiempo de manera más efectiva.

2. **Motivación y compromiso:** permite aumentar la motivación y el compromiso de las personas del equipo. Cuando Juan reconoció los logros de Laura, propició que se esforzase más.

3. **Fortalecimiento de relaciones:** entre el líder y el equipo se fortalecen las relaciones y se fomenta la confianza y el respeto. Tras el *feedback* constructivo,

Laura pudo confiar más en su líder y se sintió más valorada en su trabajo.

4. **Fomento de una cultura de aprendizaje:** promociona una cultura de aprendizaje y de mejora continua en la organización. Laura sintió inspiración para seguir aprendiendo y mejorando en su trabajo.

Pasos para proporcionar *feedback* constructivo

1. **Preparación:** hay que definir el objetivo del *feedback*. En el caso de Juan se trataba de ayudar a Laura para que mejorase su gestión del tiempo. Luego, se necesita recolectar ejemplos específicos y concretos que apoyen el *feedback*. Para prestar esta ayuda, Juan preparó varios ejemplos de situaciones donde Laura tuvo dificultades para gestionar su tiempo.

2. **Entorno adecuado:** es preciso elegir el momento y el lugar adecuado. Juan, por ejemplo, eligió un momento tranquilo y un sitio privado para mantener su conversación con Laura, un entorno libre de distracciones, para asegurarse que ella estuviese cómoda y abierta a recibir *feedback*.

3. **Comunicación clara:** es necesario utilizar un lenguaje claro y directo. Con los años de experiencia Juan supo que, para dirigirse a su equipo, debía evitar jergas o términos técnicos; cuando tuvo que hablar con Laura, optó por un lenguaje sencillo para que ella pudiese entender el mensaje con facilidad.

4. **Equilibrar lo positivo y lo negativo:** es importante comenzar con un reconocimiento de los esfuerzos y los logros. Para empezar la conversación fue fundamental que Juan elogiase las contribuciones de Laura al equipo.

   Trasladar al empleado las áreas de mejora de manera específica y constructiva. Juan puso ejemplos concretos y sugerencias de mejora a Laura para que supiese los puntos donde había que progresar.

5. **Ofrecer soluciones y apoyo:** es necesario sugerir acciones concretas para mejorar. En este punto, Juan tuvo que ofrecer consejos específicos sobre cómo Laura podía mejorar su gestión del tiempo.

   Ofrecer recursos y apoyo que ayuden en el proceso de mejora. Juan ofreció a Laura el acceso a recursos de aprendizaje y le ofreció su apoyo continuo.

RECOMENDACIONES PARA UNA COMUNICACIÓN EFECTIVA

Como guinda para este capítulo me gustaría recomendarte una serie de pautas y consejos que podrán mejorar la comunicación en tu organización y que resumen bien las pautas principales de este tema:

1. Definir el objetivo de cada comunicación:

- **Antes de la reunión:** reflexiona sobre los objetivos que quieres comunicar: ¿Qué quieres lograr? ¿Cómo esperas que reaccione tu equipo? Define estos objetivos para poder mantener el enfoque.

- **Durante la reunión:** debes mantener el objetivo definido, no perderlo de vista y dirigir la conversación hacia el tema principal.

- **Después de la reunión:** haz una evaluación de los objetivos cumplidos y los pasos a seguir para mantener el control y demostrar a tu equipo que valoras su tiempo y esfuerzo.

2. Organizar y simplificar la información:

- **Estructura tus mensajes:** puedes utilizar listas, puntas clave, encabezados u otro tipo de marcadores para organizar la información y así facilitar su comprensión y retención.

- **Lenguaje sencillo:** evita el uso de tecnicismos y de términos confusos; opta por palabras sencillas y directas que todo el mundo pueda entenderte.

- **Revisión y edición:** revisa y edita tus textos, como mensajes o correos electrónicos, para que sean claros y concisos, sin redundancias y con un propósito en cada palabra.

3. Practicar la empatía:

- **Escucha activa:** muestra interés y dedica tiempo a los argumentos que expone tu equipo; utiliza contacto visual y señales verbales que muestren que estas siguiendo lo que dice tu equipo.

- **Validación emocional:** reconoce y valida los sentimientos de tus empleados para demostrar empatía y fortalecer las relaciones de confianza con tu equipo; utiliza frases como «entiendo cómo te sientes» o «parece que esto es importante para ti».

- **Ajuste del tono y del lenguaje corporal:** transmite comprensión y apoyo a través del tono calmado de tu voz y del lenguaje corporal.

4. Comunicación asertiva:

- **Declaraciones en primera persona:** utiliza el pronombre personal *yo* en lugar del tú para expresar tus pensamientos y sentimientos. Por ejemplo, evita expresiones como «Siempre llegas tarde» y utiliza «Me frustro cuando las reuniones comienzan tarde».

- **Claridad y honestidad:** sé claro y honesto, pero también respetuoso, sin necesidad de herir a nadie.

- **Manejo de conflictos:** aborda los problemas y conflictos de manera directa, pero también respetuosa y constructiva para llegar a soluciones más rápidas y efectivas.

5. Enfocarse en los positivo:

- **Reconocimiento y celebración:** celebra y reconoce los logros y esfuerzos de tu equipo, tanto en grandes como en pequeños proyectos, ya sea de forma verbal durante una reunión o a través de un mensaje donde destaques sus méritos.

- **Enfoque en soluciones:** dirige la conversación hacia soluciones y oportunidades de mejora, y evita centrarte en los problemas para mantener, así, una actitud positiva y proactiva.

- **Lenguaje constructivo:** utiliza un lenguaje motivador y constructivo, y evita los comentarios negativos.

6. Utilizar el silencio:

- **Pausas deliberadas:** las pausas durante una conversación te ofrecen oportunidades para la reflexión y para poder responder de manera auténtica y considerada.

- **Observación y reflexión:** utiliza el silencio para observar el lenguaje corporal y las señales no verbales del emisor, y para tener una comprensión más completa del mensaje.

- **Procesamiento de la información:** hacer silencio mientras procesamos el mensaje antes de contestar puede propiciar una comunicación más reflexiva, y evitar así respuestas impulsivas.

7. Proporcionar un *feedback* constructivo:

- **Preparación:** define el objetivo del *feedback* y recopila ejemplos concretos que apoyen tus comentarios.

- **Entorno adecuado:** elige el momento idóneo, un entorno privado y libre de distracciones para que el receptor se sienta cómodo.

- **Comunicación clara:** utiliza un lenguaje claro, comprensible y directo, sin tecnicismos, centrado en el comportamiento y no en la persona.

- **Equilibrar lo positivo y lo negativo:** reconoce los esfuerzos y los logros en primer lugar, y después subraya las áreas de mejora de manera específica y constructiva.

- **Ofrecer soluciones y apoyo:** sugiere acciones de mejora concretas, ofrece recursos y apoyo para ayudar en el proceso de mejora, como la asignación de un mentor o proporcionar recursos de aprendizaje.

8. Fomentar una cultura de aprendizaje:

- **Promover el *feedback*:** crea un entorno donde el *feedback* se perciba como una herramienta para el crecimiento y la mejora continua, y anima a tu equipo a valorar los desafíos como oportunidades de aprendizaje.

- **Desarrollar habilidades:** ofrece oportunidades para el desarrollo de habilidades a través de la capacitación, talleres y programas de mejora de las competencias de tu equipo para demostrar que valoras su crecimiento y evolución profesional.

- **Celebrar los éxitos y aprender de los fracasos:** destaca los éxitos de tu equipo, sus logros personales y de conjunto; utiliza los fracasos como oportunidades para aprender y mejorar.

Aplicación de la comunicación efectiva en el día a día

Para hacer realidad todas estas recomendaciones a diario es importante crear un plan de acción que puedas seguir. Por ello, a continuación, te indico algunas sugerencias para implementar estos principios de manera efectiva:

1. **Agenda semanal de *feedback*:** establece una agenda semanal para proporcionar *feedback* a tu equipo, ya sea a través de reuniones personales o de correos electrónicos. Y acuérdate de equilibrar el *feedback* positivo y constructivo.

2. **Reuniones de equipo estructuradas:** organiza reuniones con una estructura definida y clara, establece los objetivos del encuentro de antemano y recuerda utilizar listas y puntos clave para mantener el enfoque. Tras cada reunión, haz un resumen con los puntos principales y las acciones que deben seguirse a continuación.

3. **Sesiones de escucha activa:** reserva tiempo, cada semana, para establecer sesiones de escucha activa a tu equipo, ya sea a través de una conversación infor-

mal durante un almuerzo, por ejemplo, o bien en una reunión formal. En estas situaciones, recuerda practicar la escucha activa y utilizar el silencio para que las personas puedan exponer sus ideas.

4. **Programas de desarrollo profesional:** fomenta programas de desarrollo profesional para tu equipo; ofrece, también, realizar capacitaciones en habilidades de comunicación, escucha activa y manejo de conflictos. Finalmente, proporciona recursos y apoyo continuo para el desarrollo personal y profesional.

5. **Cultura de reconocimiento:** crea una cultura de reconocimiento de tu grupo mediante la celebración de logros y esfuerzos de forma regular, ya sea a través de reuniones, mensajes, correos electrónicos o eventos especiales. Debes fomentar un ambiente donde todos se sientan valorados y apreciados.

6. **Evaluación continua:** realiza evaluaciones periódicas de la comunicación en tu equipo, solicita *feedback* para hacer los ajustes necesarios en el estilo de la comunicación. También puedes utilizar encuestas anónimas o reuniones de *feedback* para obtener una clara visión de cómo puedes mejorar.

CONCLUSIONES

La comunicación es fundamental en toda empresa, y para que sea efectiva necesita práctica y dedicación. Debes conectar con las personas e ir más allá de la simple transmisión de información. Para ser un líder completo deberás comprender las perspectivas de tus empleados y trabajar de forma conjunta hacia objetivos comunes. Tu capacidad comunicativa puede ser fundamental para la motivación del equipo, y también para su compromiso y el éxito de tu organización.

La comunicación debe ser constante y cada interacción se convierte en una oportunidad para aprender y mejorar. La claridad, la empatía, la asertividad, la positividad y la escucha activa son clave para crear un entorno propicio para que cada persona de tu equipo se sienta valorada, motivada y comprometida.

Los principios y las recomendaciones sobre la comunicación debes tenerlos presentes también en los momentos difíciles, en reuniones importantes y hasta en aquellas ocasiones informales, como una charla con alguien del equipo.

Como líder debes ser constante en la práctica y la dedicación para convertirte en un maestro de la comunicación efectiva, que inspire y guíe a su equipo hacia el éxito.

Capítulo 5: MOTIVACIÓN Y COMPROMISO

***

INTRODUCCIÓN

La motivación es el motor invisible que impulsa a las personas a alcanzar metas y superar desafíos. Ahora, cierra los ojos e imagina que navegas por el océano con un barco donde tú eres el capitán. Cada miembro de tu tripulación tiene una serie de habilidades, destrezas y fortalezas que permiten que tu embarcación supere todo tipo de obstáculos para llegar hasta el destino final. Cada viaje supone retos diferentes y en cualquier momento puede desatarse una tormenta. Como líder y capitán del barco, ¿cómo puedes mantener la motivación y el compromiso de tu tripulación para enfrentarse a todo tipo de obstáculos?

A continuación, te voy a mostrar una serie de herramientas y estrategias prácticas para inspirar a tu equipo, mantener su motivación e instaurar un entorno de trabajo saludable.

ESTRATEGIAS PARA MOTIVAR A TU EQUIPO

Hay dos fuentes principales de motivación: una intrínseca y otra extrínseca.

Motivación intrínseca

Por motivación intrínseca entendemos aquella que surge de nuestro interior. Se trata de un impulso que te lleva a realizar una tarea específica porque te resulta gratificante o interesante en lo personal. Se relaciona con el crecimiento personal, la satisfacción y el disfrute. Por ejemplo, en el caso de un desarrollador de *software* la motivación intrínseca irrumpe cuando debe resolver un problema complejo por el simple hecho de disfrutar del propio desafío intelectual, y no por una recompensa externa. Se trata del placer de superar el obstáculo en sí y, además, aprender algo nuevo.

Cuando asignas tareas significativas en tu equipo, debes tener en cuenta sus intereses personales y profesionales. Si sienten que su trabajo tiene un propósito y contribuye al bien común, su motivación y su compromiso aumentará de forma considerable. Otro ejemplo para fomentar la motivación intrínseca es proporcionar oportunidades de crecimiento: que participen en capacitaciones, cursos y proyectos desafiantes que les permita expandir sus habilidades y conocimientos.

Tomemos el ejemplo de Clara, una diseñadora gráfica: cuando su trabajo permite atraer nuevos clientes y mejorar la imagen de la empresa, ella encuentra satisfacción personal, ya que observa el fruto de su esfuerzo creativo y el impacto que su trabajo tiene en la organización. Su autonomía para realizar los proyectos también es crucial, pues aumenta su motivación intrínseca. Además, la confianza en Clara impulsa su creatividad.

Otro ejemplo es el de Marta, una gerente de proyectos: ella siente mayor motivación cuando puede planificar y ejecutar proyectos a su manera, sin microgestión.

Caso de estudio 1: la innovación en el departamento de desarrollo

Una empresa tecnológica tiene que enfrentarse de modo constante a las rápidas innovaciones del sector. Jorge lidera una de estas empresas y decidió que los desarrolladores dedicasen el 20 % de su tiempo a proyectos personales que pudiesen beneficiar a la empresa. Esta decisión aumentó la productividad y la innovación en la empresa y, en lo personal, cada desarrollador incrementó su satisfacción laboral.

Caso de estudio 2: anatomía en el *marketing*

Laura es gerente de *marketing* de una empresa de bienes de consumo y tomó la decisión de fomentar el trabajo remoto flexible. Las personas de la organización podían elegir trabajar desde casa ciertos días de la semana, y les permitía tener un mayor control sobre su entorno de trabajo. Su autonomía se tradujo en una mayor satisfacción laboral y en una mejora de la productividad, gracias a que los empleados se sentían más responsables y comprometidos con sus tareas.

Teorías sobre la motivación intrínseca

Existen dos teorías muy interesantes que pueden darte algunas pistas para fomentar esta herramienta en tu entorno laboral:

1. Teoría de la autodeterminación de Deci y Ryan (1985)

Según esta teoría (*Self-Determination Theory* – SDT) de Edward Deci y Richard Ryan, la motivación de las personas proviene de la sensación de autonomía, competencia y relaciones sociales satisfactorias. Sus componentes clave son:

- **Autonomía:** sensación de control sobre las propias acciones. Tu equipo elige cómo realizar su trabajo y puede tomar decisiones relevantes. Así se consigue fomentar la creatividad y la responsabilidad y, por tanto, conducir a una mayor satisfacción laboral.

  Ejemplo práctico: en una empresa de diseño gráfico los empleados eligen sus propios proyectos y los métodos de trabajo. Con ello se aumenta la innovación y satisfacción laboral.

- **Competencia:** necesidad de sentir que uno es capaz y eficaz en sus actividades. Tu equipo necesita oportunidades para desarrollar y demostrar sus habilidades. Proporciónale formación, *feedback* constructivo y desafíos adecuados para satisfacer esta necesidad.

  Ejemplo práctico: en una empresa tecnológica se ofrecen cursos de actualización continua para que los desarrolladores mantengan y mejoren sus habilidades. Mejora su competencia, aumenta su motivación y su compromiso.

- **Relaciones:** necesidad de conexión con los demás. Como líder deberás fomentar un ambiente de apoyo y colaboración para que tu equipo se sienta valorado y respetado. Estas relaciones positivas mejoran la motivación y el bienestar general de la empresa.

Ejemplo práctico: en una consultoría se organizan actividades de *team building* y eventos sociales que fortalecen las relaciones entre los miembros del equipo. Como resultado se obtiene un equipo más cohesionado y motivado.

2. Teoría de las metas de Locke y Latham (1990)

Según esta otra teoría (*Goal-Setting Theory*) de Edwin Locke y Gary Latham, hay que establecer unas metas específicas y desafiantes que, con ayuda del *feedback* adecuado, mejoran el desempeño y la motivación. Se deben establecer objetivos claros y alcanzables para orientar y motivar el comportamiento de los empleados. Sus principios clave son los siguientes:

- **Metas específicas:** los objetivos deben ser claros, concisos y concretos, sin generalizar. Es mejor afirmar que «hay que aumentar las ventas en un 20% en el próximo trimestre» que decir, de forma general, «hay que mejorar las ventas».

  Ejemplo práctico: si en una empresa de ventas se especifica el porcentaje y el objetivo trimestral que debe alcanzar cada vendedor, este podrá enfocar su esfuerzo hacia esa meta y mejorar así su desempeño.

- **Metas desafiantes pero alcanzables:** aquellas que supongan un desafío, pero que sean posibles, reales y alcanzables. Si son objetivos demasiado fáciles, no motivarán, y si se trata de metas imposibles, desmotivarán.

Ejemplo práctico: en una empresa de tecnología se establecen metas que requieran de esfuerzo y creatividad y que son alcanzables con dedicación y trabajo en equipo.

- **Feedback:** con la retroalimentación se consigue mantener el seguimiento de los progresos de los empleados hacia sus metas, permite ajustar estrategias y mejorar el desempeño.

Ejemplo práctico: en una empresa de manufactura se proporciona *feedback* semanal a los miembros del equipo para que cada uno sepa de su progreso hacia las metas de producción. Este *feedback* es motivación y supone también una ayuda para regular al equipo e identificar las áreas de mejora.

Motivación extrínseca

Por motivación extrínseca se entiende aquella que se impulsa gracias a factores externos. Por ejemplo, pueden ser recompensas tangibles como dinero, bonificaciones, días libres, premios o reconocimiento público. También puede tratarse de otros factores como la aprobación o el temor a las sanciones. Por ejemplo, un vendedor que trabaja arduamente para alcanzar sus objetivos porque sabe que recibirá una bonificación económica a fin de mes, desarrolla una motivación extrínseca.

En la motivación extrínseca es importante también el *feedback* positivo y constructivo porque ayuda a entender lo que los empleados están haciendo bien y en qué pueden mejorar todavía. Por ejemplo, para Laura, la desarrolladora de *software*, es muy importante y se siente motivada cuando su líder reconoce públicamente su excelente trabajo en un proyecto complejo.

Las metas claras proporcionan al equipo un sentido de dirección y propósito. Por tanto, debes asegurar que las metas sean específicas, medibles, alcanzables, relevantes y con un plazo definido (SMART). Por ejemplo, Pedro, gerente de *marketing* de una conocida empresa, se siente motivado cuando sus metas son claras y las puede alcanzar, eso sí, con esfuerzo y dedicación.

Caso de estudio 3: recompensas en el departamento de ventas

Una empresa de telecomunicaciones tiene una caída en la cifra de ventas. Ana es gerente de esta empresa y decidió implementar un sistema de recompensas basado en el desempeño. Si los vendedores alcanzaban o superaban sus metas trimestrales, recibirían bonificaciones significativas, además de reconocimiento público en las reuniones mensuales de la empresa. Esta decisión supuso un aumento de ventas y también una mejora sustancial en la moral del equipo.

Caso de estudio 4: *feedback* constructivo en el departamento de producción

Como supervisor de una planta de producción, Miguel comprobó que la calidad de los productos estaba disminuyendo.

Para contrarrestar la situación, implementó un programa de *feedback* constructivo donde todos los miembros del equipo recibían retroalimentación regular sobre su desempeño, además de sugerencias específicas para mejorar. Aquellos empleados que mostraban mejoras constantes eran recompensados con incentivos adicionales. Con esta estrategia, la empresa consiguió mejorar, de forma significativa, la calidad del producto, además de la satisfacción de los miembros de la organización.

Teorías sobre la motivación extrínseca

Sobre motivación extrínseca quiero mostrarte dos teorías fundamentales que pueden ayudarte para fomentar esta herramienta en tu organización:

1. Teoría de la expectativa de Vroom (1964)

Según esta teoría (*Expectancy Theory*) de Victor Vroom, las personas están motivadas para actuar de una determinada manera si creen que sus acciones llevan a un resultado deseado. Según Vroom, la motivación está influenciada por tres factores: expectativa, instrumentalidad y valencia. Detallemos cada uno de los componentes:

- **Expectativa:** es la creencia de que el esfuerzo conducirá al desempeño y, por tanto, mejorará su motivación.

  Ejemplo práctico: en una empresa de *software* se proporciona capacitación continua a los trabajadores para mejorar sus habilidades y realizar sus capacidades, por lo que aumenta su expectativa de éxito.

- **Instrumentalidad:** cuando se piensa que el desempeño conduce a una recompensa, se fomenta la motivación.

Ejemplo práctico: una empresa de ventas comunica a sus trabajadores que, si alcanzan o superan sus metas, recibirán bonificaciones significativas.

- **Valencia:** si el empleado valora la recompensa obtenida por su esfuerzo, también aumenta su motivación.

Ejemplo práctico: una empresa de manufactura realiza encuestas para conocer qué tipo de recompensas están mejor valoradas por los empleados.

2. Teoría del refuerzo de Skinner (1953)

Esta teoría (*Reinforcement Theory*) de Burrhus Frederic Skinner se basa en la idea de que el comportamiento se puede moldear a través de refuerzos positivos y negativos. Para Skinner las recompensas y castigos influyen en la probabilidad de que un comportamiento se repita.

Vamos a profundizar en los principios clave de esta teoría:

- **Refuerzo positivo:** son todas aquellas recompensas que permiten aumentar la probabilidad de un comportamiento deseado. Estos refuerzos positivos pueden ser desde elogios sobre el trabajo realizado hasta bonificaciones o reconocimiento público.

Ejemplo práctico: en una empresa de *retail* los trabajadores que superan sus metas de ventas recibirán
bonos adicionales y reconocimiento en las reuniones
del equipo.

- **Refuerzo negativo:** se trata de eliminar un estímulo
negativo para aumentar la probabilidad de un comportamiento deseado. Se eliminan tareas no desea-
das como recompensa por un buen desempeño.

Ejemplo práctico: en una empresa de logística los
empleados que mantienen una tasa baja de errores
pueden ser eximidos de tareas repetitivas y tedio-
sas, aumentando así la motivación para trabajar
con precisión.

- **Castigo:** es la consecuencia negativa para reducir la
probabilidad de un comportamiento no deseado a través de sanciones, advertencias o pérdida de privilegios.

Ejemplo práctico: en una empresa de servicios los
empleados, que de forma repetida no cumplen los es-
tándares de servicio, reciben advertencias formales y
pueden perder oportunidades de ascenso.

CONOCIENDO LAS EXPECTATIVAS Y LAS MOTIVACIONES INDIVIDUALES

Para motivar a tu equipo es crucial entender las expectativas y motivaciones de cada empleado. Para ello será necesaria una comunicación abierta y honesta, y esforzarse

para conocer a cada persona que forma parte del grupo. Aquí tienes algunas estrategias para conseguirlo:

1. **Encuestas y entrevistas individuales:** son necesarias para entender las expectativas y motivaciones de cada empleado. Pregunta sobre sus metas a corto y largo plazo, qué les gusta de su trabajo o áreas de la empresa que necesitan mejorar.

   Ejemplo práctico: en una empresa de *marketing* se realizan entrevistas trimestrales a cada empleado para discutir sus aspiraciones y saber cómo la empresa puede apoyar su desarrollo.

2. **Reuniones regulares uno a uno:** es importante programar reuniones regulares para conocer mejor a cada miembro de tu equipo y profundizar en sus progresos, desafíos y aspiraciones. Estas reuniones son perfectas para proporcionar *feedback* y para conocer las motivaciones de cada persona.

   Ejemplo práctico: el gerente de una empresa de tecnología realiza reuniones mensuales con sus empleados para revisar el progreso, establecer nuevas metas y abordar las inquietudes de cada miembro del equipo.

3. **Observación y escucha activa:** comprueba el comportamiento de los empleados en diferentes situaciones para saber qué tareas disfrutan más, advertir signos de desmotivación y conocer más sobre su compromiso con la empresa.

<u>Ejemplo práctico</u>: el supervisor de una empresa de manufactura observa el comportamiento de los trabajadores del área de producción para identificar posibles mejoras y cómo aumentar la motivación.

4. **Crear un ambiente de confianza:** hazlo para que los empleados se sientan seguros puedan expresar auténticas opiniones y sentimientos. La confianza es fundamental para que los empleados compartan sus expectativas y motivaciones.

   <u>Ejemplo práctico</u>: una empresa de servicios financieros donde se promueva una política de «puertas abiertas» para que los empleados hablen con libertad y confianza sobre sus problemas o preocupaciones.

CREANDO UN ENTORNO DE TRABAJO MOTIVADOR

Se habla de un entorno de trabajo motivador cuando los empleados se sienten valorados, respetados y apoyados. Para ello se necesita construir confianza de forma fiable y creíble. Hay que cumplir las promesas para generar confianza. Si dices que harás algo, hazlo, ya sea una reunión, un evento o una encuesta.

Además de confianza, la transparencia también es vital. Tu equipo debe conocer lo que hay detrás de cada decisión, de cada cambio o de cada exigencia. La transparencia también fomenta la confianza, elimina la incertidumbre y la confusión. Si se avecinan cambios en la empresa, informa a tu equipo con tiempo, explica las razones y las posibles consecuencias. La transparencia implica, a su vez, reconocer errores para transmitir honestidad, asumir responsabilidades y discutir sobre cómo mejorar en el futuro.

Para construir un entorno de confianza y de colaboración es necesario dejar el ego de lado y fomentar un ambiente de trabajo colaborativo donde se valoren las ideas y contribuciones del equipo. Así se mejora la moral, se muestra respeto y se apuntan soluciones innovadoras. Hay que reconocer y apreciar el trabajo de los demás para crear un ambiente más positivo y colaborativo. Reconocer logros y esfuerzos públicamente cuando se obtiene un éxito. Escuchar activamente para valorar opiniones, sugerencias o preocupaciones.

Generando un ambiente de trabajo saludable

El ambiente de trabajo saludable es positivo en todos los niveles: mejora la motivación y el compromiso de los empleados y contribuye en su bienestar general. Aquí te muestro algunas claves para crear un ambiente de trabajo saludable:

1. **Promover el equilibrio entre la vida laboral y personal:** a través de horarios flexibles, trabajar desde casa y promover la importancia de tomar descansos adecuados.

2. **Fomentar la salud y el bienestar:** a través de programas de actividad física, asesoramiento sobre nutrición y salud mental. Debes proporcionar acceso a recursos y apoyo para que los trabajadores mantengan un estilo de vida saludable.

3. **Crear un ambiente físico cómodo:** crea un ambiente de trabajo agradable y seguro, con mobiliario ergonómico, entorno limpio y bien iluminado, y con áreas comunes que incentiven la interacción y la colaboración.

4. **Fomentar la diversidad y la inclusión:** hay que valorar y respetar las diferencias, ya que enriquece las ideas más innovadoras.

5. **Establecer políticas claras y justas:** a través de políticas sobre el acoso, la igualdad de oportunidades y el respeto en el lugar de trabajo.

El papel del líder para fomentar un ambiente de trabajo saludable

Como líder tienes un papel crucial para crear y mantener un ambiente de trabajo saludable. A continuación, te muestro una serie de estrategias que fomentan un entorno positivo:

1. **Modelar el comportamiento deseado:** tu propio comportamiento establece el tono para el equipo; mantén un equilibrio entre trabajo y vida personal, fomenta programas de salud y bienestar, y establece el respeto por la diversidad y la inclusión.

2. **Fomentar la comunicación abierta:** debes crear un ambiente donde tu equipo se sienta cómodo para expresar libremente sus opiniones, preocupaciones y sugerencias. A través de la comunicación abierta y honesta se resuelven problemas y se fomenta la colaboración.

3. **Proporcionar reconocimiento y recompensa:** todo buen trabajo se debe reconocer y recompensar, tanto para motivar a tu equipo como para reforzar el comportamiento positivo.

4. **Impulsar el desarrollo profesional:** debes proporcionar oportunidades para que tus empleados desarrollen habilidades y avancen en sus carreras a través de programas de capacitación, mentoría y oportunidades de ascenso.

5. **Establecer y mantener una cultura positiva:** para crear y mantener una cultura organizacional positiva debes instaurar valores claros, promover un ambiente de respeto y de colaboración, además de abordar todo comportamiento negativo de manera rápida y efectiva.

Ejemplos prácticos de creación de un entorno de trabajo saludable

Vamos a seguir con una serie de casos prácticos para entender mejor cómo fomentar un ambiente de trabajo saludable:

Caso de estudio 5: promover el bienestar en una empresa de tecnología

Laura es CEO de una empresa de tecnología y decidió implementar un programa integral de bienestar para sus empleados. Este programa incluía acceso a un gimnasio en las propias instalaciones de la empresa, clases de yoga durante el almuerzo y asesoramiento nutricional. También incluía una política de trabajo remoto flexible, para equilibrar la vida laboral y personal de sus empleados. Los resultados de esta iniciativa permitieron no solo una notable mejora en la salud y bienestar de los trabajadores, sino también en su productividad y satisfacción laboral.

Caso de estudio 6: fomentando la diversidad e inclusión en una empresa de servicios financieros

Carlos es director de recursos humanos e implementó una serie de talleres y programas de formación sobre diversidad e inclusión. Además, la empresa estableció políticas claras contra el acoso y la discriminación, y creó un comité de diversidad para supervisar las iniciativas. El resultado de estas políticas de inclusión fue destacado, ya que aumentó la moral y el compromiso de los empleados, además de generar una mayor innovación y creatividad en el equipo.

EL PAPEL DEL RECONOCIMIENTO Y LA RECOMPENSA

Reconocimiento y recompensa son dos herramientas fundamentales para motivar y comprometer a tu equipo. Hay que celebrar los logros y esfuerzos de los empleados, lo que puedes hacer a través de premios, ceremonias o menciones en boletines de la empresa. Por ejemplo, puedes organizar una ceremonia trimestral para reconocer a los empleados destacados y entregar premios del tipo «Empleado del mes» o «Mejor innovador». Esto se llama reconocimiento formal.

En cuanto el reconocimiento informal, este es igual de importante y puede ser tan simple como un agradecimiento verbal o una nota de felicitación. Tu agradecimiento personal como líder tiene mucho peso cuando se dirige a una persona que ha realizado un esfuerzo extra en un proyecto. También puedes agradecer a través de una nota escrita a mano.

Como ves, hay diferentes estilos de reconocimiento individual que deberás ajustar según las necesidades y preferencias de tu equipo, el cual debe ser específico y sincero. Por ejemplo: «María, tu presentación en la reunión de hoy ha sido excelente, con mucha precisión en cada detalle y con una magnífica capacidad para comunicar con claridad nuestras metas», podría indicarse en un mensaje.

En el reconocimiento colectivo hay que tener en cuenta la colaboración y el espíritu de equipo. Para ello hay que reconocer, en un logro conjunto, cómo cada miembro ha contribuido al éxito. Por ejemplo: «Quiero agradecer a todo el equipo el increíble trabajo realizado en el lanzamiento del nuevo producto; cada uno de vosotros ha jugado un papel crucial en este éxito», podría versar una nota.

Hay que tener en cuenta que algunas personas prefieren el reconocimiento público y otras se sienten más cómodas con un reconocimiento privado. Para ello es necesario conocer a tu equipo y ajustar el enfoque según sus preferencias.

Ejemplos prácticos de reconocimiento y recompensa

Nada mejor que unos ejemplos prácticos para entender cómo aplicar el reconocimiento y la recompensa:

Caso de estudio 7: reconocimiento formal en una empresa de consultoría

Isabel es CEO de una consultoría y estableció un programa formal de reconocimiento trimestral. Aquellos empleados que demostraron un desempeño excepcional recibieron premios durante una ceremonia formal. Estas recompensas consistieron en bonificaciones monetarias, certificados de reconocimiento y menciones en el boletín de empresa. Con este programa se alcanzaron altos niveles de desempeño y se fortaleció la cultura de reconocimiento en la consultoría.

Caso de estudio 8: reconocimiento informal en una agencia de publicidad

Miguel es director creativo de una agencia de publicidad e implementó un sistema de reconocimiento informal que consistía en que, cada semana, durante las reuniones de equipo, reservaba unos minutos para reconocer en público los logros y esfuerzos del grupo. También envió notas de agradecimiento personalizadas a aquellos trabajadores que habían hecho un buen trabajo. Esta práctica mejoró la moral del equipo y estableció un ambiente de trabajo positivo y colaborativo.

Buenas prácticas para motivar a tu equipo

Cada día puedes motivar a tu equipo con prácticas que, si se asientan en tu empresa, comprobarás los resultados de forma progresiva. Tu esfuerzo por tu equipo siempre da sus frutos:

- **Implementar reuniones de *feedback* regulares:** encuentros cara a cara, de forma asidua para fomentar la confianza, discutir su desempeño, proporcionar *feedback* y escuchar sus preocupaciones. Son reuniones que permiten identificar áreas de mejora y comprobar que valoras su crecimiento y desarrollo personal.

* **Establecer metas claras y alcanzables:** los objetivos de tu empresa deben seguir el enfoque SMART (específicos, medibles, alcanzables, relevantes y con un plazo definido) para que todo tu equipo los entienda y que sigan la línea de los objetivos generales de la organización.

* **Fomentar un ambiente de trabajo positivo:** es importante para mejorar la motivación, la productividad y la satisfacción laboral; se logra a través de la colaboración, el respeto mutuo, la celebración de logros y la interconectividad entre los empleados.

* **Reconocer y celebrar logros:** a través de programas formales o con un simple comentario de agradecimiento para que tus empleados se sientan valorados. El reconocimiento sincero y específico está directamente relacionado con la motivación y el compromiso.

* **Proporcionar oportunidades de desarrollo:** invierte en la formación y en el desarrollo de tus empleados a través de oportunidades que les abra un abanico de nuevas habilidades; o bien para que asuman nuevas responsabilidades y puedan así crecer profesionalmente. Es un beneficio personal para cada empleado y también de la propia organización.

- **Adapta tu estilo de liderazgo a las necesidades del equipo:** debes conocer a tu equipo colectiva e individualmente. Tu liderazgo debe ser flexible y adaptable para mantener la motivación y el compromiso en un entorno dinámico.

ESTRATEGIAS ADICIONALES PARA FOMENTAR LA MOTIVACIÓN Y EL COMPROMISO

A continuación, algunas pautas adicionales para aplicar en tu empresa en el día a día:

- **Involucrar a los empleados en la toma de decisiones:** aumenta su sentido de pertenencia, mejora sus resultados y demuestra que valoras su experiencia y sus conocimientos.

- **Fomentar la creatividad y la innovación:** impulsa la experimentación de tus trabajadores y escucha sus propuestas innovadoras, ya que pueden ser un motor de motivación en la empresa a la vez que un beneficio colectivo para la organización.

- **Promover la responsabilidad y la rendición de cuentas:** hazlo para mejorar la motivación y para construir un equipo más fuerte y comprometido. Si las expectativas y responsabilidades son claras y transparentes, será más efectivo el desempeño.

- **Facilitar el acceso a recursos y herramientas:** asegura el acceso a herramientas (tecnología, información y soporte administrativo) para que tus empleados puedan hacer su trabajo de forma eficiente y promueva la satisfacción laboral.

- **Fomentar la retroalimentación bidireccional:** crea un entorno positivo para impulsar la confianza, proporcionar *feedback* para poder identificar áreas de mejora y fortalecer las relaciones entre compañeros y con la dirección de la empresa.

CONCLUSIONES

Motivación y compromiso son dos pilares esenciales para el éxito y el bienestar de una organización. Tu responsabilidad es fomentar un entorno donde tu equipo se sienta motivado, valorado y comprometido.

El viaje hacia la motivación y el compromiso no es un destino en sí, sino un viaje continuo. Como líder debes ser inspiración para el éxito y el bienestar de tu equipo. Con este propósito comprobarás que se alcanzan las metas de la organización en un ambiente de trabajo positivo y motivador.

Para este viaje continuo debes comprender las motivaciones intrínsecas y extrínsecas de tus empleados, crear un entorno de trabajo saludable y prestar mucha atención al reconocimiento y recompensa efectivos, con el fin de transformar la dinámica de tu equipo y alcanzar nuevos niveles de éxito. ¡Buena suerte en tu viaje de liderazgo!

Lecturas recomendadas

- *Drive: The Surprising Truth About What Motivates Us,* de Daniel H. Pink, ofrece una visión profunda sobre la motivación y destaca la importancia de la autonomía, el dominio y el propósito.

- *The One Minute Manager,* de Kenneth Blanchard y Spencer Johnson, es una guía práctica para el manejo eficaz de equipos y se centra en el reconocimiento y el establecimiento de metas claras.

- *Grit: The Power of Passion and Perseverance,* de Angela Duckworth, es una exploración sobre la pasión y la perseverancia como factores determinantes para el éxito personal y profesional.

- *Leaders Eat Last,* de Simon Sinek, examina cómo los líderes pueden crear un entorno de confianza y seguridad, promocionando una cultura empresarial saludable y motivadora.

- *Flow: The Psychology of Optimal Experience,* de Mihaly Csikszentmihalyi, es un análisis sobre cómo las personas pueden alcanzar el estado de «flujo» y cómo los líderes pueden facilitarlo en sus equipos para maximizar la productividad y la satisfacción.

Capítulo 6: DESARROLLO Y FORMACIÓN DEL EQUIPO

***

INTRODUCCIÓN

Si existe un sistema infalible para conseguir el éxito de tu organización, tengo que destacar, sin duda, el trabajo en equipo. Infalible si funciona, claro está. Cuando cada persona trabaja como la pieza de un engranaje mayor, la máquina empresarial tiene un rendimiento espectacular e influye directamente en la satisfacción laboral. Una adecuada gestión del trabajo en equipo puede ser una fuente inagotable de creatividad, innovación y eficiencia. Pero nadie dijo que sería fácil que este engranaje funcione a la perfección, pues existen desafíos únicos que, si no se abordan correctamente, pueden obstaculizar el progreso y desmotivar a los miembros del equipo. Vamos a ver las particularidades del trabajo en equipo a través de una visión clara que te permita maximizar los beneficios y minimizar los inconvenientes.

VENTAJAS DEL TRABAJO EN EQUIPO

Hay infinidad de ventajas de trabajar en equipo. Su dificultad radica en conseguir que todos los miembros «remen» en la misma dirección, se sientan igualmente valorados y sus aportaciones sean cruciales para el éxito de la empresa.

Sinergia y creatividad

Voy a empezar con una frase que describe bien la esencia del trabajo en equipo: «el todo es mayor que la suma de sus partes». Cada persona es un mundo, con sus habilidades particulares, su visión innovadora, sus propuestas, sus ideas, sus experiencias y sus circunstancias particulares. Cada persona es única y diferente al resto, pero cuando colaboran entre ellas, se genera una sinergia que puede dar lugar a cosas maravillosas: ideas y soluciones innovadoras. Un entorno donde florece la creatividad y donde se comparten ideas que se pulan y mejoren entre todos.

Esta sinergia también deriva en la capacidad para resolver problemas complejos. Si para un individuo puede suponer una montaña inalcanzable, un problema casi sin solución, con el trabajo conjunto se puede resolver, gracias a la combinación de conocimientos y habilidades capaces de superar todo tipo de obstáculos.

Ejemplo: en una empresa de diseño existe un equipo multidisciplinar con perfiles que abarcan desde diseñadores gráficos, desarrolladores web hasta expertos en *marketing*. Todos ellos, de forma conjunta, pueden crear campañas más impactantes y efectivas que si trabajasen de manera individual y aislada.

Tips para líderes: si fomentas sesiones regulares de *brainstorming*, verás que todos los miembros del equipo aportan ideas sin temor a ser juzgados. Cada idea suma, aunque luego muchas de ellas se descarten, pero fomentan la participación y la confianza. Utiliza técnicas como el *design thinking* para estructurar estas sesiones, y asegúrate que todos participen y aporten ideas.

Distribución de carga de trabajo

Hay proyectos grandes o complejos que no puede abarcar una sola persona. En casos así, el trabajo en equipo permite distribuir la carga de tareas y, por tanto, aumentar la eficiencia y reducir el estrés individual. Otra ventaja del trabajo en equipo es la especialización de cada miembro en aquellas áreas donde tienen más habilidades o experiencia. Por ello, el resultado final tiene mayor calidad y repercute en una mejora en la satisfacción laboral.

Ejemplo: llega un nuevo proyecto en una consultoría y el equipo decide distribuir las tareas para que se completen a tiempo y con la máxima calidad: análisis de datos, desarrollo de estrategias y presentación al cliente.

Tips para líderes: si utilizas herramientas de gestión de proyectos, como Asana o Trello, podrás asignar tareas y monitorear el progreso. Así se mejora la eficiencia, pero también permite que tu equipo se centre en aquellas labores que les resulten más interesantes y desafiantes.

Mejora de habilidades y aprendizaje continuo

Cuando se trabaja en equipo, se produce también un aprendizaje entre los propios empleados, ya que desarrollan nuevos conocimientos y habilidades. Por tanto, supone también una mejora significativa del desarrollo profesional de cada uno. No solo se trata de un aprendizaje técnico, sino también de otras habilidades, como la comunicación, la negociación y la resolución de conflictos.

Ejemplo: los programadores juniores de una empresa tecnológica aprenden codificación y otras técnicas avanzadas de programación gracias a sus colegas más experimentados, y mejoran su desempeño.

Tips para líderes: es muy interesante establecer un ambiente de mentoría dentro del equipo, es decir, que los empleados más experimentados pueden guiar a los recién incorporados, y así proporcionarles orientación y confianza en su desarrollo profesional.

Aumento de la moral y del compromiso

En un equipo cohesionado aumenta la moral y el compromiso de los empleados. El sentido de pertenencia y camaradería repercute directamente en la satisfacción laboral y en la motivación.

La cohesión del equipo también reduce la rotación del personal porque los empleados se sienten valorados y apoyados por el grupo, y existen más probabilidades de permanencia en la empresa.

Ejemplo: los empleados de una *startup* que trabajan en equipos más reducidos pero más cohesionados muestran niveles más altos de compromiso y entusiasmo, y contribuyen así al éxito general de la empresa.

Tips para líderes: una buena idea para aumentar la moral y el compromiso del equipo es organizar actividades de *team building* que permiten el fortalecimiento de las relaciones entre los trabajadores. Son actividades diversas: retiros, talleres de resolución de problemas y otro tipo de eventos recreativos que fomentan la camaradería y la implicación de los empleados.

INCONVENIENTES DEL TRABAJO EN EQUIPO

Todo grupo puede confluir hacia sinergias positivas, como acabamos de comprobar. Pero también puede resultar conflictivo y poco eficiente si no se toman las medidas adecuadas para evitar un ambiente laboral caótico y movido por dinámicas negativas. Vamos a ver los principales problemas del trabajo en equipo y sus posibles soluciones.

Conflictos y dinámicas negativas

Cada persona es diferente, posee caracteres dispares, estilos de trabajo particulares y opiniones de todo tipo que pueden conducir a desacuerdos y tensiones, si estas se confrontan y no se manejan de forma adecuada. Es una situación que puede afectar directamente a la productividad y al propio ambiente de trabajo.

A veces este tipo de conflictos irrumpe por falta de comunicación, expectativas poco claras o por competencia interna. Tu papel como líder en estos casos es fundamental para resolver conflictos y para fomentar una cultura de respeto y de colaboración.

Ejemplo: el desacuerdo entre el director creativo y el jefe de cuentas de una empresa de publicidad sobre la dirección de una campaña puede crear un ambiente tenso y obstaculizar el progreso del proyecto.

Tips para líderes: para la resolución de conflictos puedes ofrecer talleres y formaciones en técnicas de mediación, negociación y facilitación de diálogos productivos. También es recomendable fomentar una cultura de respeto y colaboración, donde los desacuerdos se valoren como oportunidades para mejorar y no como obstáculos para avanzar.

Rendimiento dispar

Si en un equipo algunos de sus miembros no contribuyen de manera equitativa, puede generarse resentimiento y afectar también a la cohesión del grupo. La falta de participación conlleva también a la distribución desigual del trabajo y, por tanto, a la frustración de aquellas personas que deben compensar la falta de esfuerzo de los demás.

Como líder deberás establecer unas expectativas claras, monitorear el desempeño y ser capaz de identificar y corregir cualquier desequilibrio en la contribución de todos y cada uno de los miembros del equipo.

Ejemplo: en un equipo de ventas hay miembros que no alcanzan sus cuotas, mientras otras las superan con creces. Una situación así puede generar tensión y desmotivación entre los que sientan la carga extra de trabajo.

Tips para líderes: muestra cuáles son las expectativas, que estén claras, y monitorea el desempeño de los miembros del equipo. Reconoce y valora su esfuerzo, de forma equitativa, a través de recompensas.

Toma de decisiones más lenta

Si la toma de decisiones depende del equipo, el proceso puede ralentizarse más que si una sola persona decide qué hacer. La necesidad de consenso es fundamental para evitar desacuerdos significativos o falta de claridad en los objetivos. Esto no quiero decir que la toma de decisiones individual sea la solución, ya que las resoluciones colaborativas conducen a mejores resultados, pero se tiene que encontrar un equilibrio entre inclusión y eficiencia. Como líder deberás ser claro para asegurarte de que todos los miembros del equipo comprendan estos procesos.

Ejemplo: en una empresa de desarrollo de *software* se necesita obtener la aprobación de todo el equipo para implementar un cambio en el diseño que puede retrasar el lanzamiento de un producto.

Tips para líderes: la toma de decisiones debe ser clara para que todo el mundo comprenda lo que tiene que hacer; asegúrate de especificar roles y responsabilidades, y utilizar herramientas de gestión de proyectos para que el proceso sea mucho más ágil.

Dependencia del líder del equipo

La eficacia como líder es fundamental para el éxito de tu equipo. De lo contrario se produce una falta de dirección, motivación y cohesión del grupo. En tu rol de líder debes estar capacitado para adaptar las necesidades de tus empleados, proporcionar una orientación clara, mostrar tu apoyo al equipo y tomar decisiones bien informadas.

Ejemplo: el líder de una empresa de manufactura no establece metas claras ni maneja de forma adecuada los conflictos, por lo que se produce confusión entre el equipo y la consecuente disminución en la productividad.

Tips para líderes: para evitar la dependencia del equipo debes proporcionar formación continua en áreas como la comunicación efectiva, la toma de decisiones y la gestión de conflictos. También, fomentar la participación para que el grupo se involucre en la toma de decisiones y se responsabilicen de su trabajo.

Navegando sobre las ventajas y desventajas: un enfoque balanceado

Una vez establecidas las ventajas y desventajas del trabajo en equipo deberás, como líder, gestionar de manera efectiva sus beneficios y minimizar sus inconvenientes, a través de estrategias que fomenten una cultura de colaboración, respeto y aprendizaje continuo:

Fomentar una cultura de comunicación abierta: una comunicación abierta y honesta con tu equipo es fundamental para el manejo de conflictos y para asegurar también que cada persona se sienta escuchada y valorada. Para facilitar este proceso te recomiendo que lleves a cabo reuniones regulares y sistemas de comunicación internos que sean transparentes para fomentar la confianza de tu equipo. Si todos se sienten cómodos compartiendo sus pensamientos y preocupaciones, es probable que el trabajo conjunto sea más efectivo.

Ejemplo: en una consultoría han puesto en marcha reuniones semanales del equipo y una plataforma de comunicación interna para que todos puedan compartir ideas y resolver problemas en tiempo real.

Tips para líderes: comunicación, comunicación y más comunicación, abierta y accesible. Que haya un *feedback* continuo y constructivo. Tu equipo debe sentirse cómodo compartiendo sus pensamientos y preocupaciones.

Desarrollar habilidades de resolución de conflictos: como líder deberás saber manejar los desacuerdos de manera constructiva, pues es importante que todos aprendan habilidades para la resolución de conflictos. Por ejemplo, impulsar técnicas como la mediación, la negociación y el fomento de diálogos productivos.

Ejemplo: en una empresa de tecnología se ofrecen talleres de formación en resolución de conflictos para ayudar a los empleados a manejar los desacuerdos de manera efectiva y mantener un ambiente de trabajo positivo.

Tips para líderes: existe formaciones para resolver conflictos y para la mediación. Utiliza los conflictos como oportunidades para mejorar y crecer, y no como obstáculos insuperables.

Establecer metas claras y medibles: un líder debe definir con claridad los objetivos de la empresa. Así podrás alinear esfuerzos y proporcionar sentidos de dirección y propósitos. Estos objetivos deben ser específicos, medibles, alcanzables, relevantes y temporales (SMART).

Cuando estableces metas, facilitas el seguimiento del progreso y de la evaluación del desempeño. Así puedes proporcionar *feedback* constructivo y ajustar las estrategias según creas conveniente.

Ejemplo: en una empresa de *marketing* se establecen metas trimestrales específicas para cada proyecto para que cada persona comprenda su rol y sus responsabilidades.

Tips para líderes: metas claras y alcanzables, revisables y ajustables, para que todo el mundo sepa los objetivos individuales y colectivos.

Fomentar la igualdad en la participación: cada miembro del equipo debe tener la oportunidad de contribuir de forma equitativa en cada proyecto. Así podrás mantener la moral, el compromiso y la rotación de responsabilidades de tus trabajadores. Esta igualdad en la participación ayuda a desarrollar una cultura de respeto y valoración de las contribuciones de los miembros del equipo, además de fomentar la cohesión y de reducir resentimientos y conflictos.

Ejemplo: una empresa de servicios financieros implementa un sistema de rotación de tareas para que cada persona tenga la oportunidad de asumir diferentes roles y responsabilidades.

Tips para líderes: fomenta un sistema de rotación de tareas y roles para que todo el mundo tenga su oportunidad de contribuir y desarrollarse, personal y profesionalmente. Asegúrate de impulsar la igualdad y el respeto en cada una de sus contribuciones.

Promover al aprendizaje y desarrollo continuo: la inversión en formación y aprendizaje continuo de los miembros de tu equipo incentiva sus competencias y fomenta un ambiente de crecimiento y de mejora constante. Además de un beneficio individual, también supone una mejora para la organización en su conjunto. Un equipo capacitado y en constante renovación permite adaptarse mejor a los cambios y enfrentarse a los nuevos desafíos.

Ejemplo: una empresa de manufactura ofrece programas de formación continua y oportunidades de desarrollo profesional a sus trabajadores para mejorar sus habilidades y avanzar en sus carreras.

Tips para líderes: proporciona acceso a recursos educativos, talleres y programas de desarrollo profesional para que tus empleados puedan adquirir nuevas habilidades y conocimientos.

Liderazgo efectivo: la capacidad de inspirar y motivar es lo que define al líder efectivo. También su habilidad para tomar decisiones informadas y manejar conflictos de manera constructiva; la capacidad de adaptarse a las necesidades cambiantes del grupo y de la organización; la flexibilidad, el prestar el apoyo necesario a su equipo y alcanzar los objetivos organizacionales.

Ejemplo: en una empresa de tecnología el líder recibe formación en habilidades de liderazgo, comunicación efectiva, toma de decisiones y gestión de conflictos.

Tips para líderes: como líder debes entrar también en la rueda de la formación continua que te permitan seguir aprendiendo habilidades para inspirar y motivar a tu equipo.

Identificación de necesidades de formación: para desarrollar un equipo de alto rendimiento hay que evaluar las competencias actuales de los trabajadores y comparar con aquellas habilidades requeridas para alcanzar los objetivos predefinidos. Con la identificación de las necesidades se pueden diseñar programas de formación que aporten las habilidades y el desarrollo profesional necesario para el equipo.

Para conseguir identificar estas necesidades de formación hay una serie de métodos:

1. **Análisis de desempeño:** identificación de áreas de mejora a través de revisiones de desempeño, evaluaciones 360 grados y análisis de métrica clave.

Ejemplo: el gerente de una empresa de ventas realiza evaluaciones trimestrales del desempeño de sus vendedores: analiza las cifras de ventas, la satisfacción del cliente y la eficiencia en el proceso de ventas.

Tips para líderes: realiza evaluaciones regulares de desempeño, y utiliza sus resultados para identificar áreas de mejora y diseñar programas de formación personalizados.

2. **Encuestas y entrevistas:** se trata de recopilar información de forma directa de empleados y supervisores sobre sus percepciones y necesidades de formación.

   Ejemplo: una empresa de tecnología realiza encuestas anuales donde los empleados expresan sus necesidades de formación y aquellas áreas de mejora.

   Tips para líderes: estas herramientas te permitirán obtener *feedback* directo de tu equipo sobre sus necesidades de formación y resultan más efectivas si son anónimas, ya que fomenta la honestidad.

3. **Evaluación de competencias:** comparación de las competencias actuales de los empleados con las requeridas para sus roles, a través de la creación de perfiles de competencias y realización de autoevaluaciones.

   Ejemplo: en una empresa de manufactura se utilizan matices de competencias para evaluar las habilidades de los empleados y determinar las brechas de formación.

Tips para líderes: te recomiendo que desarrolles perfiles de competencias para cada rol en tu equipo, además de autoevaluaciones periódicas que puedan identificar brechas de habilidades y diseñar así programas de formación más efectivos.

4. **Análisis de objetivos organizacionales:** revisión de los objetivos estratégicos de la organización para determinar las habilidades necesarias para alcanzarlos.

   Ejemplo: el departamento de recursos humanos de una empresa de servicios financieros analiza los objetivos anuales de la empresa y diseña programas de formación que se orientan a estas metas.

   Tips para líderes: puedes alinear programas de formación con objetivos estratégicos para conseguir que los empleados desarrollen las habilidades necesarias para alcanzar las metas establecidas.

TEORÍAS CLAVE SOBRE IDENTIFICACIÓN DE NECESIDADES DE FORMACIÓN

Teoría de la gestión de competencias de David McClelland (1973): el desempeño y el éxito dependen de las competencias específicas que se pueden desarrollar gracias a la formación y al desarrollo profesional.

Tips para líderes: utiliza perfiles de competencias para identificar las habilidades necesarias para diferentes perfiles y diseña programas de formación para desarrollar estas competencias.

Modelo de brechas de habilidades de Gary Becker (1962): las organizaciones deben identificar las brechas de habilidades entre lo que hace un trabajador y lo que se requiere que haga para cumplir los objetivos de la empresa.

Tips para líderes: realiza evaluaciones de competencias y diseña programas de formación para cerrar estas brechas y mejorar el desempeño individual y organizacional.

DISEÑANDO PROGRAMAS DE DESARROLLO PROFESIONAL

Tras identificar las necesidades de formación hay que diseñar programas de desarrollo profesional efectivos: personalizados, flexibles y alineados con los objetivos de la organización. Estos programas deben proporcionar las habilidades y los conocimientos necesarios a los trabajadores para avanzar en sus carreras y contribuir al éxito de la organización. Para ello hay que tener en cuenta una serie de elementos clave:

1. **Objetivos claros y medibles:** hay que establecer objetivos específicos, alcanzables y medibles para evaluar su efectividad.

   Ejemplo: el programa de desarrollo profesional de una empresa de *marketing* tiene como objetivo aumentar las habilidades en análisis de datos de los empleados en un 20 % en un período de 6 meses.

   Tips para líderes: establece objetivos claros y medibles, revisables y ajustables dentro del marco SMART para los programas de desarrollo profesional.

2. **Contenido relevante y actualizado:** el contenido del programa de formación debe ser relevante para tus necesidades actuales y futuras, acorde con las últimas tendencias y prácticas del sector.

   Ejemplo: en una empresa de tecnología se actualizan constantemente los cursos de programación que incluyen lenguajes y técnicas recientes.

   Tips para líderes: los programas de formación deben estar actualizados y con información relevante para las necesidades de la empresa. Consulta a expertos en la materia y mejora el contenido aportando *feedback* a tu equipo.

3. **Métodos de aprendizaje diversos:** incorpora una variedad de métodos de aprendizaje con diferentes estilos, y maximiza así la efectividad del programa. Por ejemplo, formación presencial, cursos en línea, talleres prácticos y aprendizaje basado en proyectos.

   Ejemplo: una empresa de servicios combina sesiones de formación en el aula con módulos de *e-learning* y proyectos prácticos que garantizan una experiencia de aprendizaje integral.

   Tips para líderes: muestra las diferentes posibilidades de aprendizaje ya sea a través de formación presencial, talleres prácticos o cursos en línea.

4. **Evaluación continua:** fomentar mecanismos que evalúen de forma permanente el progreso de los par-

ticipantes y la efectividad del programa de formación, a través de pruebas de conocimiento, evaluaciones de competencias y *feedback* regular.

Ejemplo: en una empresa de manufactura se realizan evaluaciones mensuales que miden el impacto de los programas de formación y ajustan sus contenidos según las necesidades requeridas.

Tips para líderes: gracias a los mecanismos de evaluación podrás medir el progreso de los participantes y comprobar la efectividad del programa de formación. Y con los resultados, podrás ajustar y mejorar el programa.

5. **Apoyo y seguimiento:** se tiene que proporcionar apoyo a los trabajadores durante y después del proceso de formación mediante mentoría, *coaching* y acceso a recursos adicionales.

Ejemplo: en una consultoría, los empleados tienen acceso a mentores y *coaches* que les ayudan a aplicar todo lo aprendido en sus proyectos diarios.

Tips para líderes: tras la formación debes mostrar apoyo y confianza para que los empleados puedan aplicar todo lo que han aprendido en su día a día; también te recomiendo programas de mentoría y *coaching*.

«LAS 6C» DEL TRABAJO EN EQUIPO

Para el desarrollo de equipos de trabajo efectivos es muy útil considerar las llamadas 6C del trabajo en equipo: comunicación, coordinación, colaboración, confianza, compromiso y competencias. Son los seis pilares que construyen y mantienen equipos de alto rendimiento.

COMUNICACIÓN: debe ser clara y abierta para facilitar la comprensión mutua, la resolución de conflictos y la toma de decisiones informadas.

Ejemplo: las reuniones semanales de equipo de una consultoría permiten a todos sus miembros expresar sus ideas y preocupaciones. Gracias a herramientas de comunicación, como Slack o Microsoft Teams, se mantiene informado al equipo y se facilita su mutua colaboración en tiempo real.

Tips para líderes: establece canales de comunicación abiertos y accesibles para todo el equipo, *feedback* continuo y constructivo para que todo el mundo participe y comparta sus pensamientos y preocupaciones.

Estrategias para mejorar la comunicación:

1. Reuniones regulares: de forma periódica, estructuradas pero flexibles y abiertas a la participación, para discutir el progreso de un proyecto, resolver problemas y planificar las siguientes fases.

2. *Feedback* continuo: como líder debes estar disponible para escuchar y responder a las preocupaciones de tu equipo de forma constructiva.

3. Herramientas de comunicación: para facilitar la colaboración y la transparencia. Por ejemplo, hemos mencionado Slack y Teams, pero también son interesantes Trello para la gestión de proyectos y Google Workspace para la colaboración en documentos.

COORDINACIÓN: tu equipo debe trabajar de manera sincronizada hacia un objetivo común. Es importante la asignación clara de roles y responsabilidades, además de la planificación y del seguimiento del progreso.

Ejemplo: una empresa de desarrollo de *software* utiliza herramientas de gestión de proyectos como Asana o Trello que asignan tareas y monitorean el progreso. Con reuniones de coordinación semanal se pueden revisar los avances en el proyecto y ajustar las estrategias según sea necesario.

Tips para líderes: define roles y responsabilidades de cada miembro del equipo y crea planes de proyecto detallados que incluyan metas, plazos e hitos; utiliza herramientas de gestión de proyectos para monitorear el progreso y ajustar las tareas de cada persona.

Estrategias para mejorar la coordinación:

1. Asignación clara de roles: define las responsabilidades de cada miembro del equipo y su rol para evitar duplicar esfuerzos y asegúrate que cada uno sepa exactamente lo que se espera de ellos.

2. Planificación detallada: cada proyecto debe concretar sus metas, plazos e hitos; a la vez, deben compartirse con el equipo y revisarse de forma regular.

3. Seguimiento del progreso: utiliza herramientas de gestión de proyectos para monitorear el progreso y ajustar las tareas según sea necesario.

COLABORACIÓN: desarrolla un trabajo conjunto y efectivo; aprovecha las fortalezas individuales para conseguir metas comunes. Fomenta la creatividad, la innovación y el aprendizaje compartido.

Ejemplo: una empresa de *marketing* impulsa actividades de *team building* y otro tipo de proyectos grupales para conseguir la cooperación entre todo el equipo.

Tips para líderes: fomenta aquellos proyectos y actividades grupales donde puedan cooperar y fortalecer las relaciones de todos los miembros del equipo como, por ejemplo, actividades de *team building* o técnicas de *brainstorming*.

CONFIANZA: anima un ambiente de seguridad donde tu equipo pueda compartir ideas y asumir riesgos.

Ejemplo: una empresa de manufactura realiza ejercicios de construcción de confianza como dinámicas de retroalimentación positiva y actividades de resolución de problemas en grupo.

Tips para líderes: fomenta este ambiente de apoyo a través de ejercicios de construcción de confianza y proporciona *feedback* positivo y constructivo para fortalecer la cohesión del equipo.

COMPROMISO: impulsa la dedicación del equipo para cumplir objetivos y conseguir el éxito.

Ejemplo: una empresa de *retail* establece metas claras y desafiantes para el equipo. Reconoce y recompensa el compromiso y el esfuerzo.

Tips para líderes: establece metas claras que supongan un desafío y recompensa y reconoce públicamente o en privado su compromiso y esfuerzo para fomentar un ambiente donde cada persona del equipo se sienta valorada y motivada.

COMPETENCIAS: asegúrate de conseguir las habilidades y tener los conocimientos necesarios para desempeñar las tareas del equipo de manera efectiva.

Ejemplo: una empresa de tecnología ofrece oportunidades de formación continua y desarrollo profesional para que el equipo mantenga y mejore sus competencias.

Tips para líderes: ofrece oportunidades de formación continua y desarrollo profesional para tu equipo y fomenta esta cultura de aprendizaje para que tus empleados adquieran nuevas habilidades y conocimientos.

MENTORÍA Y *COACHING* EN EL LUGAR DE TRABAJO

Tu equipo puede mejorar y desarrollar sus habilidades, aumentar su autoconfianza y conseguir sacar su máximo potencial gracias a la mentoría y el *coaching*. Vamos a ver en qué consisten estas dos herramientas fundamentales para el desarrollo del equipo.

MENTORÍA: se trata de aquella relación de desarrollo personal donde la persona más experimentada (mentor) guía a una persona menos experimentada (aprendiz). Esta relación está basada en la experiencia y conocimientos del mentor hacia su aprendiz a través de su orientación, su apoyo y todos los consejos que puede ofrecerle para su evolución profesional.

Elementos clave:

1. **Establecimiento de objetivos:** definir los objetivos de esta relación de mentoría alineados con las metas personales y profesionales del aprendiz.

   Ejemplo: el mentor de una empresa de tecnología ayuda a un nuevo empleado en el desarrollo de habilidades específicas para su puesto de trabajo para un período de seis meses.

   Tips para líderes: marca con claridad los objetivos de esta relación para que esté claro el enfoque profesional que debe asimilar el aprendiz acorde con las metas de la empresa y las propias habilidades para desarrollar del aprendiz.

2. **Regularidad de las reuniones:** haz una rutina de esta relación entre mentor y aprendiz para revisar los progresos, discutir nuevos desafíos y ajustar los objetivos.

Ejemplo: en una empresa de *marketing*, los mentores se reúnen con sus aprendices una vez al mes para seguir su progreso y proporcionar *feedback*.

Tips para líderes: cuando programas reuniones regulares de mentoría debes revisar qué progresos se han ido haciendo y proporciona *feedback* al respecto, siempre de modo constructivo, y asegúrate que hay continuidad en estas reuniones pero que sean flexibles para fomentar la participación libre y abierta.

3. **Proporcionar retroalimentación constructiva:** ofrece retroalimentación honesta y constructiva para que al aprendiz pueda desarrollarse y mejorar en tu empresa.

Ejemplo: un mentor de una consultoría proporciona *feedback* a su aprendiz sobre cómo mejorar sus habilidades de presentación y de comunicación con los clientes.

Tips para líderes: utiliza la técnica de «*feedback* en sándwich»: comentario positivo, área de mejora, comentario positivo. Así podrás ayudar a estructurar la retroalimentación.

COACHING: proceso interactivo que ayuda a las personas a desarrollar sus habilidades, resolver problemas y alcanzar sus metas personales y profesionales. La diferencia principal con la mentoría es que no se basa en la experiencia del *coach*, sino en su capacidad para hacer las preguntas adecuadas y facilitar el autodescubrimiento. Saca lo mejor de cada persona con un objetivo concreto.

Elementos clave:

1. **Establecimiento de metas claras:** define y especifica las metas que deben conseguirse a través del *coaching*.

   Ejemplo: en una empresa de ventas, el *coachee* establece como meta mejorar la tasa de conversión de clientes en un 15 % durante los próximos tres meses.

   Tips para líderes: puedes utilizar el marco SMART para establecer las metas durante el proceso de *coaching*. Revisa y ajusta estos objetivos de forma regular para mantener su relevancia y alcance.

2. **Preguntas poderosas:** utiliza preguntas abiertas que promuevan la reflexión y el autodescubrimiento.

   Ejemplo: en una empresa de servicios, la pregunta poderosa puede ser: «¿Qué es lo que realmente te está impidiendo alcanzar tus metas de ventas?

   Tips para líderes: haz las preguntas que inciten a la reflexión y fomenta un ambiente de confianza para que el *coachee* se sienta cómodo compartiendo sus pensamientos y preocupaciones.

3. **Escucha activa:** es necesaria practicar esta técnica para comprender las perspectivas y preocupaciones del *coachee*.

Ejemplo: el *coach* de una empresa de tecnología escucha con atención a su *coachee* describir aquellos desafíos a los que se enfrenta a diario, sin interrupciones ni juicios de valor.

Tips para líderes: puedes utilizar técnicas que afiancen la escucha activa como parafrasear o hacer preguntas clarificadoras que dejen claro que estás comprendiendo las preocupaciones del *coachee*.

4. **Desarrollo de planes de acción:** colabora con el *coachee* para desarrollar planes de acción concretos que le ayuden a alcanzar sus metas.

Ejemplo: un *coach* de una empresa de manufactura trabaja con su *coachee* para desarrollar un plan de acciones muy detallado para mejorar la eficiencia del equipo.

Tips para líderes: recuerda desarrollar un plan SMART.

5. **Seguimiento y evaluación:** es importante hacer seguimiento con regularidad para evaluar el progreso del *coachee* y ajustar los planes de acción según sea necesario.

Ejemplo: el *coach* de una empresa de *retail* se reúne cada dos semanas con su *coachee* para revisar el progreso, evaluarlo y hacer los ajustes que hagan falta.

Tips para líderes: utiliza los resultados de las evaluaciones para ajustar y mejorar continuamente el proceso de *coaching*.

EJERCICIOS PRÁCTICOS PARA LÍDERES

A continuación, podrás aplicar los conceptos de mentoría y *coaching* con una serie de ejercicios prácticos:

1. **Ejercicio de identificación de necesidades de formación:** realiza una evaluación de competencias de tu equipo para identificar las brechas de habilidades y diseña un plan de formación personalizado.

   Instrucciones: pide a cada miembro del equipo que complete una autoevaluación de sus actuales competencias y, a continuación, compara los resultados obtenidos con las competencias requeridas para su puesto de trabajo. Por último, desarrolla un plan de formación para cerrar las brechas identificadas en este proceso.

2. **Ejercicio de establecimiento de metas:** ayuda a tu equipo para establecer metas claras y alcanzables desde el punto de vista SMART.

   Instrucciones: organiza una sesión de trabajo en equipo y que cada persona establezca una nueva meta SMART relacionada con su desarrollo profesional. Después trata de coordinar cómo apoyarse mutuamente para alcanzar dichas metas.

3. **Ejercicio de *feedback* constructivo:** practica la retroalimentación constructiva en el equipo para mejorar el desempeño y fortalecer las relaciones.

Instrucciones: coloca a los miembros del equipo por parejas y proporciona *feedback* constructivo sobre un proyecto reciente. Utiliza la técnica de «*feedback* en sándwich» (comentario positivo, área de mejora, comentario positivo) para estructurar la retroalimentación.

4. **Ejercicio de construcción de confianza:** emprende acciones de construcción de confianza para cohesionar y fortalecer el equipo.

   Instrucciones: organiza un desafío de resolución de problemas en equipo o una dinámica de retroalimentación positiva que fomente el buen ambiente de apoyo y colaboración entre los trabajadores.

CONCLUSIONES

A modo de recordatorio y recapitulación, como líder deberás fomentar una cultura de aprendizaje continuo a través de cursos en línea, talleres y conferencias para fomentar la participación, y para que tu equipo tenga oportunidades de formación y desarrollo de manera regular.

Es muy importante establecer programas de mentoría y *coaching* para que tu equipo desarrolle nuevas habilidades y pueda alcanzar así sus metas profesionales.

También debes evaluar y ajustar los programas de formación para asegurar su efectividad a través de encuestas y el *feedback* de los participantes, y así podrás realizar las mejoras continuas que sean necesarias.

Fomenta la colaboración y el trabajo en equipo con actividades de *team building*, establece una comunicación libre y abierta, y ofrece oportunidades para que los equipos trabajen en proyectos desafiantes.

Como líder puedes desarrollar, así, equipos de alto rendimiento que contribuyan al éxito y crecimiento continuo de la organización.

El desarrollo y la formación son dos herramientas básicas para cualquier organización, ya que permiten crear entornos donde los empleados se sienten valorados, apoyados y motivados para alcanzar su máximo potencial. Cada empresa tiene sus propias necesidades de formación, y con la mentoría y el *coaching* se obtiene seguridad y confianza en las funciones de las personas que forma parte del equipo, con la apertura necesaria para que cada una exponga sus preocupaciones, propuestas de mejora o requerimientos en su día a día, que permitirán alcanzar el éxito en tus metas.

Capítulo 7: GESTIÓN DE CONFLICTOS

***

INTRODUCCIÓN: LOS ORÍGENES DEL CONFLICTO

Los conflictos son inevitables, no le des más vueltas. Suceden en cualquier empresa, organización, equipo, grupo o familia. La interacción entre individuos con diferentes personalidades, perspectivas y objetivos conlleva el choque, la confrontación, la diversidad, y estas conducen al conflicto. Como líder debes asumir la irrupción de enfrentamientos; pero tu objetivo no será eliminarlos, sino saber cómo gestionarlos para convertirte en un líder efectivo, aquel que sabe cuál es la manera de afrontar los problemas, averiguar su origen y resolverlos con la lección aprendida.

Hay muchas teorías que tratan de explicar los orígenes de los conflictos en una organización y cómo actuar ante ellos. Por un lado, uno de los teóricos más influyentes en el estudio del conflicto es Kurt Lewin que, en la década de los años cuarenta, publicó su famosa Teoría del campo. Según este estudio, el comportamiento humano es el resultado de la interacción entre las personas y su entorno. Para Lewin, el conflicto llega cuando fuerzas opuestas dentro de un «campo» están en equilibrio. Es un enfoque dinámico y no describe el conflicto como una acción negativa, sino que puede ser una oportunidad para el cambio y la mejora.

Por otro lado, encontramos al teórico sobre el conflicto Morton Deutsch. En la década de los años setenta desarrolló la Teoría de la cooperación y la competencia donde sugiere que todo conflicto puede ser constructivo o destructivo, depende de cómo se gestione. El autor diferencia estos dos tipos de conflictos: el constructivo es aquel que conduce a la innovación y al fortalecimiento de las relaciones; y el destructivo conlleva división y resentimiento.

Con esta base teórica vamos a comprobar cómo se producen conflictos en un entorno laboral, y qué estrategias y soluciones se pueden aportar para minimizar los conflictos destructivos.

TIPOS DE CONFLICTOS EN EL ENTORNO LABORAL

Conflictos de tareas

Las tareas son fuente de discusión y de conflicto cuando no están claramente establecidas, es decir, cuando no se sabe qué tareas deben realizarse y cómo deben llevarse a cabo. Un conflicto sobre las tareas repercute, además, sobre la asignación de las mismas, la priorización de proyectos y los métodos de trabajo.

Ejemplo: el desarrollador de una empresa de *software* tiene un conflicto porque siente que su carga de trabajo es desproporcionada en comparación con la de sus compañeros, y existe cierto desacuerdo sobre la prioridad de algunos proyectos de la empresa.

Consecuencias: disminución de la productividad, aumento del estrés y mayor rotación del personal.

Estrategias de afrontamiento:

1. Clarificación de roles: define roles y responsabilidades de cada miembro del equipo, evita malentendidos y confusiones.

2. Priorización de proyectos: utiliza técnicas como la matriz de Eisenhower para priorizar proyectos según su urgencia e importancia.

3. Revisión regular: realiza revisiones periódicas de la carga de trabajo y ajusta las asignaciones según lo creas conveniente.

Conflictos de relaciones

Las relaciones entre compañeros son otra fuente conflictiva. También es el conflicto más habitual pero también el más difícil de resolver. Esta confrontación surge por diferencias personales, problemas de comunicación, prejuicios o diferencias culturales y de valores.

Ejemplo: en una multinacional surge un conflicto personal entre empleados porque uno está siendo irrespetuoso con otro debido a diferencias culturales.

Consecuencias: ambiente negativo en el trabajo, disminución de la moral y escasa satisfacción laboral.

Estrategias de afrontamiento:

1. Formación en diversidad: promueve programas de formación en diversidad e inclusión para fomentar el respeto y la comprensión.

2. Mediación: utiliza mediadores que ayuden a las partes del conflicto para que puedan comunicar sus sentimientos y resolver las diferencias.

3. Construcción de relaciones: organiza actividades de *team building* para fortalecer las relaciones interpersonales.

Conflictos de procesos

En un conflicto surgido por el desacuerdo sobre cómo hacer las tareas dentro de un equipo hay que centrarse en un problema de metodología, de asignación de recursos necesarios o de clarificación de roles y responsabilidades.

Ejemplo: en una consultoría surge un conflicto cuando un consultor junior considera que su enfoque para analizar datos es más eficiente que el método que utiliza su empresa.

Consecuencias: ineficiencias operativas, duplicación de esfuerzos y frustración.

Estrategias de afrontamiento:

1. Documentación de procesos: establece y mantén una documentación clara de todos y cada uno de los procesos para evitar malentendidos.

2. Mejora continua: fomenta la mejora continua a través de una revisión constante para optimizar los procesos de forma regular.

3. Participación del equipo: involucra a tu equipo en la creación y mejora de los procesos para asegurar su aceptación.

Conflictos de intereses

Este tipo de conflictos surge cuando los objetivos personales de los empleados no están alineados con los objetivos de la organización. Dicha situación conduce a que los trabajadores tomen decisiones que los benefician más a ellos mismos que a la empresa.

Ejemplo: un vendedor prioriza cerrar contratos que le generen más comisiones en lugar de aquellos que más benefician a la empresa a largo plazo.

Consecuencias: decisiones poco óptimas para la organización, daño en la confianza y moral del equipo.

Estrategias de afrontamiento:

1. Alineación de incentivos: coordina los objetivos individuales con los de la organización.

2. Políticas claras: establece un protocolo y asegúrate que todo el mundo lo entienda.

3. <u>Supervisión y transparencia</u>: implementa sistemas de supervisión y transparencia para detectar y abordar cualquier problema.

ESTRATEGIAS PARA LA RESOLUCIÓN DE CONFLICTOS

Si existiese una varita mágica para resolver conflictos en tu empresa, te la ofrecería con mucho gusto, pero no existe magia alguna que ponga fin a un conflicto. De todos modos, hay muchas alternativas que se podrán ajustar al problema que existe en tu empresa para solucionarlos. A continuación, te muestro diferentes estrategias y técnicas para que un líder como tú sea capaz de resolver conflictos en el entorno laboral.

Comunicación abierta y honesta

Como líder debes crear un entorno donde los trabajadores se sientan cómodos expresando sus preocupaciones y opiniones, sin temor alguno a las represalias.

<u>Ejemplo</u>: un diseñador siente frustración porque piensa que su trabajo no se valora en la empresa; el líder advierte el problema y organiza una reunión abierta para que el diseñador pueda expresar sus preocupaciones y buscar una solución entre todos.

<u>Recomendaciones</u>:

1. <u>Fomentar reuniones regulares</u>: organiza reuniones para compartir preocupaciones y sugerencias del

equipo y poder aportar *feedback* sobre los comentarios que vayan surgiendo en estas sesiones regulares.

2. <u>Utilizar técnicas de escucha activa</u>: todos deben expresar con libertad sus inquietudes y sentirse escuchados y comprendidos; la escucha activa te permite utilizar técnicas como parafrasear o hacer preguntas clarificadoras para que todo el mundo se sienta involucrado con la empresa.

3. <u>Crear un entorno seguro</u>: haz que el ambiente de la empresa sea libre y transparente para que nadie tema represalias por expresar sus opiniones.

Mediación

Una tercera persona puede ser de gran ayuda para resolver conflictos: un mediador. Se trata de alguien neutral, una ayuda para encontrar una solución a un problema. El mediador no toma ninguna decisión; su papel se ciñe a facilitar la comunicación y el entendimiento entre las partes.

<u>Ejemplo</u>: dos desarrolladores de una empresa de tecnología tienen diferentes puntos de vista sobre cómo abordar un problema técnico. Un mediador puede ayudar a compartir ambos enfoques, debatir sobre sus diferentes puntos de vista y llegar a un acuerdo mutuo beneficioso para ambos y para la propia empresa.

Recomendaciones:

1. Capacitar mediadores internos: permitir que alguien del equipo con especiales habilidades para la mediación pueda hacer este papel de mediador cuando surja algún conflicto.

2. Buscar mediadores externos: para una situación compleja que no pueda resolverse internamente se puede recurrir a una tercera persona externa y profesional para resolver un conflicto.

3. Fomentar la mediación temprana: actuar con premura antes de que un problema se convierta en un conflicto irresoluble.

Negociación

Otra técnica para resolver conflictos consiste en la negociación. Las partes enfrentadas discuten sus diferencias y se llega a un acuerdo. Para la negociación se requieren habilidades de comunicación, empatía y la capacidad para encontrar soluciones que beneficien a ambas partes.

Ejemplo: en una empresa de manufactura hay un conflicto porque los empleados sienten que no están percibiendo una compensación justa por su trabajo. Gracias a la negociación, un líder puede discutir las preocupaciones de los empleados y llegar a un acuerdo para mejorar el salario o recibir bonificaciones u otro tipo de beneficios.

Recomendaciones:

1. <u>Desarrollar habilidades de negociación</u>: puedes aprender este tipo de habilidades para la negociación y fomentar un enfoque ganar-ganar en las discusiones.

2. <u>Prepararse adecuadamente</u>: toda negociación requiere de una adecuada preparación para entender las necesidades y deseos de todas las partes involucradas.

3. <u>Buscar soluciones mutuamente beneficiosas</u>: las soluciones no deben contentar a una parte en detrimento de la otra, sino compensar ambas partes y asegurarse de que todas las preocupaciones se han escuchado y se han considerado en todo momento.

Resolución colaborativa de problemas

Se trata del trabajo conjunto para encontrar una solución que satisfaga a todas las partes. Un enfoque que fomente la cooperación y la creatividad para resolver los problemas de un equipo.

<u>Ejemplo</u>: en una empresa de servicios financieros hay un conflicto sobre cómo abordar un determinado proyecto y, gracias a la resolución colaborativa de problemas, se fomenta la cooperación y la creatividad para que ambas partes encuentren una solución conjunta.

Recomendaciones:

1. <u>Fomentar la colaboración</u>: a través de la organización de *brainstorming* y técnicas como el *design thinking*,

intenta ayudar al equipo a buscar y encontrar soluciones creativas a un conflicto.

2. Involucrar a todos los miembros del equipo: para resolver un problema se puede involucrar a todo el grupo para asegurar que todas las perspectivas han sido consideradas.

3. Fomentar la creatividad: crea un ambiente donde se valore la creatividad y se busquen soluciones innovadoras para tratar los problemas.

Implementación de políticas y procedimientos claros

Para prevenir conflictos futuros, la implantación de políticas y procedimientos claros permite establecer las expectativas sobre los comportamientos y las responsabilidades de cada miembro del equipo.

Ejemplo: en una empresa de *retail* determinan con claridad el horario de trabajo y las responsabilidades de cada uno para prevenir conflictos sobre la asignación de turnos.

Recomendaciones:

1. Documentar políticas y procedimientos: asegúrate que las políticas y los procedimientos de la empresa estén suficientemente documentados y comunicados a todos los empleados.

2. Revisar y actualizar regularmente: chequea que las políticas y los procedimientos estén revisados y ac-

tualizados con regularidad para poder asegurar que siguen siendo relevantes y efectivos.

3. Proporcionar formación y apoyo: proporciona formación y apoyo a los empleados para corroborar que comprenden e implementan las políticas y procedimientos establecidos.

FOMENTANDO UN AMBIENTE DE COLABORACIÓN

Para minimizar conflictos y crear un equipo cohesionado y productivo hay que fomentar un ambiente de colaboración. A continuación, te muestro una serie de estrategias y un proceso para seguir paso a paso.

Establecer una cultura de respeto y diversidad

Los empleados deben sentirse valorados y respetados, sin importar sus diferencias, para establecer un ambiente respetuoso con la diversidad de tu equipo.

Recomendaciones:

1. Implementar programas de formación en diversidad e inclusión: fomenta el respeto y la comprensión entre los empleados.

2. Establecer políticas contra la discriminación: crea un ambiente y unas normas claras contra la discriminación y el acoso en el lugar de trabajo.

3. Fomentar la participación en iniciativas de diversidad: los empleados deben involucrarse en este tipo de iniciativas en pro de la diversidad, para generar un espacio de trabajo donde se valoren las diferentes perspectivas y experiencias.

Promover la comunicación abierta

La comunicación abierta es fundamental para la colaboración. Cada miembro del equipo debe sentirse cómodo compartiendo sus ideas y preocupaciones ni temor a ser juzgado.

Recomendaciones:

1. Fomentar reuniones regulares de equipo: a través de estos encuentros podrás dar *feedback* a los miembros del equipo; es un modo de expresar los diferentes puntos de vista.

2. Utilizar técnicas de escucha activa: asegúrate que todos se sienten escuchados y comprendidos.

3. Establecer canales de comunicación abiertos: incentiva este tipo de comunicación para que todo el mundo tenga accesibilidad para expresarse con cualquier miembro del equipo.

Fomentar el trabajo en equipo

Como parte integral de toda colaboración, el trabajo en equipo permite orientarse hacia un objetivo común y mejorar significativamente la cohesión del grupo.

Recomendaciones:

1. Organizar actividades de *team building*: impulsa este tipo de actividades y de proyectos grupales que requieran de la cooperación de todos los miembros del equipo.

2. Fomentar la colaboración en proyectos: anima la participación activa de todos los miembros del equipo en los proyectos.

3. Reconocer y recompensar el trabajo en equipo: asegúrate que toda colaboración satisfactoria y trabajo en equipo que cumpla sus metas tenga su merecida recompensa.

Reconocer y recompensar la colaboración

Toda recompensa de un trabajo bien hecho supone un plus para la motivación y conduce a continuar la línea del trabajo en equipo, ya que contribuye al éxito empresarial.

Recomendaciones:

1. Implementar programas de reconocimiento: celebra los logros del equipo y proporciona incentivos para que el trabajo sea efectivo.

2. Proporcionar *feedback* positivo: reconoce las contribuciones de los empleados en los éxitos del equipo.

3. Celebrar los logros del equipo: fomenta un ambiente de apoyo y colaboración hacia el éxito.

PROCESO PARA FOMENTAR UN AMBIENTE DE COLABORACIÓN

Paso 1: evaluación del ambiente actual

Como líder debes analizar el ambiente actual del equipo antes de llevar a cabo cualquier cambio. Para comenzar, identifica fortalezas y áreas de mejora en la colaboración.

Recomendaciones:

1. Realiza encuestas y entrevistas: es una forma de obtener *feedback* sobre el ambiente actual del equipo.

2. Identifica áreas de mejora: con la información que obtengas podrás desarrollar un plan de acción.

Paso 2: definición de objetivos claros

Para mejorar la colaboración del equipo es recomendable definir objetivos claros, específicos, medibles y alcanzables.

Recomendaciones:

1. Utiliza el marco SMART: así podrás definir los objetivos de mejora de la colaboración.

2. Alinear los objetivos con las metas organizacionales: tanto los objetivos de mejora de la colaboración como los organizacionales y personales de cada miembro del equipo deben estar en consonancia.

Paso 3: implementación de cambios

Un líder debe fomentar los cambios necesarios para mejorar la colaboración. Esto se puede conseguir con la introducción de nuevas políticas, la organización de actividades *team building* y la mejora de la comunicación.

Recomendaciones:

1. Desarrollar un plan de acción detallado: es necesario para implementar los cambios.

2. Comunicar los cambios a todos los empleados: debes asegurarte que todo el equipo está informado sobre las modificaciones y aportar la información y el apoyo necesario que favorezca la transición.

Paso 4: monitoreo y evaluación

Todo progreso debe ser monitoreado hacia los objetivos establecidos para evaluar la efectividad de los cambios; realiza los ajustes necesarios que aseguren la mejora continua.

Recomendaciones:

1. Utilizar métricas claras: hazlo para medir el progreso hacia los objetivos de mejora de la colaboración.

2. Realizar evaluaciones regulares: ajusta el plan de acción según sea necesario para asegurar la efectividad continua.

Paso 5: reconocimiento y celebración de éxitos

Cuando se reconocen y celebran los logros, se consigue motivar a los empleados para seguir esa misma línea que contribuye al éxito del equipo.

Recomendaciones:

1. Implementar programas de reconocimiento: para celebrar públicamente los logros del equipo.

2. Proporcionar incentivos para el trabajo en equipo: un motivo de reconocimiento de las contribuciones de todos los miembros del equipo.

RECOMENDACIONES FINALES

Como repaso de todo este capítulo me gustaría ofrecerte una resumida serie de recomendaciones finales:

1. **Fomentar una cultura de comunicación abierta:** impúlsala para que los empleados se sientan cómodos compartiendo sus ideas y preocupaciones.

   Aplicación: organiza reuniones de equipo y sesiones de *feedback*, además de utilizar técnicas de escucha activa que aseguren que todo el mundo se siente escuchado y comprendido.

2. **Implementar programas de mediación y resolución de conflictos:** establece medios para ayudar a resolver desacuerdos de manera efectiva.

Aplicación: capacita a algunos miembros del equipo en habilidades de mediación y fomenta un enfoque colaborativo para la resolución de problemas.

3. **Fomentar el trabajo en equipo y la colaboración:** crea un entorno adecuado que fomente el trabajo en común y la mutua colaboración.

Aplicación: organiza actividades de *team building* y proyectos grupales que requieran la colaboración de todos los miembros del equipo. Trata de reconocer y recompensar la colaboración y el trabajo en equipo bien hecho.

4. **Implementar políticas y procedimientos claros:** hazlo para prevenir conflictos y establecer expectativas claras sobre el comportamiento y las responsabilidades del día a día en el trabajo.

Aplicación: estas políticas y procedimientos precisan estar claramente documentadas y comunicadas a todos los empleados, deben revisarse y actualizarse para asegurar su relevancia y efectividad.

CONCLUSIONES

Como líder debes aceptar que en todo grupo hay conflictos. Más que tratar de evitarlos debes convertirte en un líder que sepa cómo gestionarlos, porque serán inevitables en la mayoría de casos. También debes poner empeño en crear un ambiente de colaboración, con un equipo cohesionado y productivo. Tienes muchas estrategias, herramientas y procedimientos para mejorar significativamente la cohesión y rendimiento de tu equipo.

Capítulo **8**: TOMA DE DECISIONES

***

INTRODUCCIÓN

Las decisiones de un líder son la esencia de toda empresa. Cada opción que decides emprender debe ser fruto de reflexión. Pero esto no será fácil, pues tomar decisiones es una de las competencias más críticas y complejas que debes llevar a cabo como líder. A veces, para emprender un camino, se necesita la información necesaria para decidirse por una determinada alternativa. Otras veces la decisión debe ser rápida pero efectiva. Al fin y al cabo, toda decisión supone un impacto significativo en la moral y la motivación del equipo.

Como líder activo, la toma de decisiones va más allá de elegir una opción entre varias. Supone una elección, sí, pero siempre inspirando confianza, es decir, que sea una decisión colaborativa que conlleve a resultados positivos.

Hay diversos modelos y herramientas para la toma de decisiones que vamos a ver a continuación. Comprobaremos la importancia de la agilidad en este proceso desde un prisma psicológico y otras perspectivas teóricas, que te aportarán enfoques prácticos y te ayudarán a navegar por el complejo mundo de la toma de decisiones.

Empezaremos con un análisis de los modelos teóricos más destacados y desarrollados hasta el momento, y comprobaremos sus ventajas y limitaciones.

MODELOS DE TOMA DE DECISIONES

Modelo racional de toma de decisiones

Se trata de uno de los modelos más antiguos y tradicionalmente aceptados en la teoría del liderazgo y la administración. Herbert Simon desarrolla este modelo en la década de los años cincuenta y lo describe como un proceso donde los individuos actúan de forma lógica y óptima para maximizar sus beneficios. Esta teoría se estructura en los siguientes pasos:

1. **Identificación del problema:** reconoce y define cuál es el problema o la oportunidad.

2. **Recolección de información:** recopila toda la información relevante y necesaria.

3. **Generación de alternativas:** desarrolla una lista de posibles soluciones o alternativas.

4. **Evaluación de alternativas:** analiza y compara las opciones según criterios específicos.

5. **Selección de la mejor alternativa:** elige la opción que maximice los beneficios o minimice los costos.

6. **Implementación:** pon en marcha la decisión tomada.

7. **Evaluación:** revisa y evalúa los resultados de la decisión para asegurar su efectividad.

Ventajas:

- Estructurado y sistemático: proporciona un enfoque claro y lógico.

- Maximización de beneficios: busca la mejor solución posible basándose en una evaluación exhaustiva y profunda.

- Minimización de riesgos: tras considerar todas las posibles alternativas y sus consecuencias, se reducen los riesgos asociados.

Desventajas:

- Tiempo y recursos: supone invertir tiempo y recursos para recopilar y analizar toda la información.

- Información perfecta: se supone que se obtiene toda la información necesaria, pero no siempre es realista.

La investigación de Herbert Simon sobre la racionalidad limitada fue fundamental para reconocer que las personas no siempre pueden procesar toda la información disponible de forma óptima por las limitaciones cognitivas. Por ello, Simon no habla de soluciones óptimas, sino de soluciones «satisfactorias».

Modelo de racionalidad limitada

Esta teoría también es una propuesta de Herbert Simon y destaca que los individuos tienen limitaciones cognitivas y, por tanto, sus decisiones no tienen que ser perfectamente racionales. Por ello, según esta teoría, las personas toman decisiones heurísticas, es decir, reglas generales que simplifican el proceso de la toma de decisiones.

La principal diferencia con el modelo racional se basa en la idea de que las decisiones no son completamente óptimas, pero sí lo bastante buenas debido a las limitaciones de tiempo y recursos.

Ventajas:

- Realismo: reconoce las limitaciones cognitivas y de recursos que enfrentan a los individuos en la toma de decisiones.

- Eficiencia: permite tomar decisiones de forma rápida utilizando heurísticas.

- Flexibilidad: facilita adaptarse a situaciones complejas e inciertas donde no se dispone de toda la información.

Desventajas:

- Subóptimo: las decisiones no son las mejores posibles, sino las más satisfactorias.

- Sesgo cognitivo: el uso de heurísticas puede llevar a sesgos y errores en la toma de decisiones.

Modelo del incrementalismo

Charles E. Lindblom desarrolla esta teoría en 1959 y sugiere que las decisiones se toman de manera incremental y no a través de un proceso exhaustivo. Este modelo se basa en decisiones que suponen pequeños ajustes, más manejables y menos arriesgados, en lugar de cambios radicales.

Ventajas:

- Reducción de riesgos: si los cambios son incrementales, se minimizan los riesgos asociados con decisiones drásticas.

- Flexibilidad: adaptación a cambios graduales y a la mejora continua de las decisiones.

- Menor resistencia al cambio: los pequeños ajustes son más fáciles de aceptar y adoptar por parte de los empleados.

Desventajas:

- Lentitud en el progreso: este modelo puede ser lento para abordar problemas urgentes o para aprovechar oportunidades significativas.

- Falta de innovación: cuando se evitan hacer cambios radicales, se puede limitar la capacidad de la organización para innovar y adaptarse a transformaciones significativas en el entorno.

Modelo de la lata de basura

Este modelo es una propuesta de Michael D. Cohen, James G. March y Johan P. Olsen de 1972, y se basa en un enfoque más desordenado, aunque más realista para la toma de decisiones en organizaciones complejas. La esencia de esta teoría es que las decisiones no siempre siguen un proceso lógico y ordenado, sino que surgen de una combinación de problemas, soluciones, participaciones y oportunidades que se mezclan en una especie de «lata de basura».

Ventajas:

- Realismo: reconoce la complejidad y el desorden en la toma de decisiones de las empresas.

- Flexibilidad: se adapta a situaciones imprevistas y emergentes.

- Creatividad: hay más probabilidades de llegar a soluciones innovadoras, ya que se combinan elementos aparentemente no relacionados.

Desventajas:

- Falta de estructura: la ausencia de orden durante el proceso puede conducir a decisiones inconsistentes y a la pérdida de oportunidades.

- Ineficiencia: las decisiones pueden no ser eficaces debido a la naturaleza desordenada de todo el proceso.

Hay decisiones en empresas que se mueven en entornos altamente complejos y dinámicos, influenciadas por factores políticos y sociales más allá de los aspectos racionales o económicos.

Modelo de la decisión intuitiva

Gary Klein, psicólogo e investigador del comportamiento organizacional, es uno de los principales defensores de este modelo. A través de su investigación sobre la toma de decisiones basada en la experiencia, postula que los líderes pueden tomar decisiones efectivas centrándose en su intención y experiencia acumulada. Esta teoría es crucial para situaciones donde existe una alta incertidumbre y falta de información.

Ventajas:

- Rapidez: permite tomar decisiones de forma rápida en situaciones de presión.

- Utilización de la experiencia: posibilita aprovechar la experiencia acumulada y el conocimiento tácito del líder.

- Adaptabilidad: otorga flexibilidad para adaptarse a los cambios en el entorno.

Desventajas:

- Subjetividad: las decisiones pueden estar sesgadas por experiencias pasadas y percepciones subjetivas.

- Dificultad para justificar: problema para justificar y explicar decisiones basadas en la intuición de otros.

Gary Klein ha mostrado, a través de sus estudios con el modelo de reconocimiento denominado *Recognition Primed Decision* (RPD), que los expertos suelen tomar decisiones intuitivas rápidas basadas en patrones reconocidos y experiencia previa, y que puede tener mucha efectividad en ciertos contextos.

HERRAMIENTAS PARA DECISIONES INFORMADAS

Como líder tienes a tu alcance una gran variedad de herramientas y técnicas que te pueden ayudar a recopilar, analizar y evaluar la información relevante que te conduzca a tomar decisiones informadas. A continuación, una muestra de este tipo de herramientas útiles y su aplicación.

Análisis FODA (SWOT *Analysis*)

Esta herramienta estratégica te permite evaluar fortalezas, oportunidades, debilidades y amenazas de una situación o decisión. Es muy útil para tomar decisiones operativas, ya que te proporcionan una visión clara de los factores internos y externos influyentes.

Ventajas:

- Simplicidad: es fácil de entender y aplicar.

- Estratégico: aporta una visión clara de los factores clave que influyen a la hora de tomar una decisión.

- Flexibilidad: se puede aplicar en una amplia variedad de situaciones y decisiones.

Aplicación:

- Identificación de factores internos: evalúa las fortalezas y debilidades internas de la organización o situación.

- Evaluación de factores externos: identifica oportunidades y amenazas externas que puedan influir en la decisión.

- Desarrollo de estrategias: utiliza la información obtenida para desarrollar estrategias que aprovechen las fortalezas y oportunidades, además de mitigar debilidades y amenazas.

Análisis de decisiones (*Decision Analysis*)

Técnica cuantitativa que te ayuda a tomar decisiones basadas en datos y probabilidades. Esta herramienta utiliza modelos matemáticos y estadísticos para evaluar las alternativas y sus posibles resultados. Es muy útil en situaciones de incertidumbre y cuando existen múltiples variables a tener en cuenta.

Ventajas:

- Precisión: proporciona una evaluación precisa y basada en datos de las alternativas.

- Reducción de incertidumbre: cuando se evalúan las probabilidades de diferentes resultados.

- Rigurosidad: ofrece un enfoque riguroso y sistemático para la toma de decisiones.

Aplicación:

- Definición del problema: clarifica el problema o la decisión que se va a analizar.

- Identificación de alternativas: genera una lista de posibilidades.

- Evaluación de probabilidades: cálculos con diferentes resultados para cada alternativa.

- Cálculo de resultados esperados: análisis según las probabilidades y los valores de los resultados.

- Selección de la mejor alternativa: elige la opción que maximice los resultados esperados o minimice los riesgos.

Análisis costo-beneficio (Cost-Benefit Analysis)

Se trata de una herramienta que te ayuda a evaluar los costos y beneficios de diferentes alternativas. Es muy útil para tomar decisiones económicas y financieras, ya que proporcionan una evaluación cuantitativa de los costos y beneficios de cada opción.

Ventajas:

- Cuantitativo: evaluación cuantitativa de costos y beneficios.

- Comparativo: permite comparar las diferentes alternativas basadas en costos y beneficios.

- Objetividad: ofrece un enfoque objetivo basado en datos para la toma de decisiones.

Aplicación:

- Identificación de costos y beneficios: con cada alternativa hay una clara identificación de costos y beneficios.

- Evaluación cuantitativa: define en cantidades tanto los costos como los beneficios.

- Cálculo de la ratio costo-beneficio: cada alternativa tiene añadido el cálculo de la ratio costo-beneficio.

- Selección de la mejor alternativa: elige la alternativa con la ratio costo-beneficio más favorable.

Análisis de escenarios (*Scenario Analysis*)

Técnica que te ayudará a evaluar cómo pueden afectar las decisiones actuales a diferentes escenarios futuros. Es útil para planificar la estrategia y la gestión de riesgos, ya que proporcionan una evaluación de las posibles consecuencias de diferentes contextos.

Ventajas:

- Flexibilidad: permite evaluar múltiples escenarios futuros y sus posibles impactos.

- Anticipación: ayuda a anticipar y prepararse de cara a diferentes situaciones futuras.

- Reducción de incertidumbre: se consideran una amplia variedad de posibles escenarios.

Aplicación:

- Identificación de escenarios: genera una lista de posibles escenarios futuros.

- Evaluación de impactos: evaluación de los impactos en cada posible situación según la toma de decisiones actual.

- Desarrollo de estrategias: para abordar los posibles impactos de cada escenario.

- Selección de la mejor alternativa: encontrar la mejor opción que se adapte a los diferentes escenarios futuros.

Matriz de decisión (*Decision Matrix*)

Esta herramienta te permitirá evaluar y comparar diferentes alternativas basándote en múltiples criterios. Es muy útil para tomar decisiones complejas, ya que proporciona una evaluación estructurada y sistemática de las alternativas.

Ventajas:

- Multicriterio: evaluación de múltiples objetivos de manera sistemática.

- Comparativa: facilita la comparación de diferentes alternativas basándose en criterios específicos.

- Transparencia: ofrece un enfoque transparente y basado en datos para la toma de decisiones.

Aplicación:

- Identificación de criterios: señala aquellos más relevantes para tomar una decisión.

- Asignación de ponderaciones: se le otorga a cada criterio según el rango de importancia.

- Evaluación de alternativas: se basa en criterios y ponderaciones.

- Cálculo de puntajes: se calculan los puntajes totales de cada alternativa.

- Selección de la mejor alternativa: elige una opción con el puntaje total más alto.

LA IMPORTANCIA DE LA AGILIDAD EN LA TOMA DE DECISIONES

Cuando se menciona la agilidad de un líder, se hace referencia a su capacidad para tomar decisiones rápidas y efectivas como respuesta a cambios y desafíos. En la actualidad, el entorno empresarial es dinámico y cambiante, por lo que la agilidad en la toma de decisiones es crucial para conseguir el éxito.

¿Qué es la agilidad?

La agilidad es la capacidad de un líder o de una organización para adaptarse con rapidez al cambio en su entorno, y responder de manera efectiva antes nuevas oportunidades y desafíos. Por tanto, implica flexibilidad, velocidad y capacidad para tomar decisiones informadas en tiempo real.

Ventajas:

- Respuesta rápida a cambios: responde a las transformaciones en el mercado, en la tecnología y en otros factores externos.

- Aprovechamiento de oportunidades: facilita la identificación y el aprovechamiento de nuevas oportunidades de manera oportuna.

- Mitigación de riesgos: permite ajustes rápidos en respuesta a problemas emergentes.

Aplicación:

- Información en tiempo real: utiliza herramientas y tecnologías que proporcionen información actualizada y precisa en tiempo real.

- Decisiones basadas en datos: toma decisiones basadas en datos y análisis concretos, sin suposiciones ni intuiciones.

- Flexibilidad y adaptabilidad: adaptarse y ajustarse a las decisiones y estrategias según convenga.

- Empoderamiento del equipo: se busca para tomar decisiones rápidas y efectivas dentro de sus respectivas áreas de responsabilidad.

LA PROCRASTINACIÓN EN LA TOMA DE DECISIONES

La procrastinación es el acto de retrasar o posponer decisiones. Como líder esto puede tener consecuencias significativas, como la pérdida de oportunidades, el aumento de riesgos y la disminución de la eficiencia organizacional.

Consecuencias:

- Pérdida de oportunidades: cuando retrasas una decisión, puede conllevar una pérdida de oportunidades importantes.

- Aumento de riesgos: ante la falta de acción en el momento oportuno pueden aumentar los riesgos y problemas potenciales.

- Reducción de eficiencia: puede darse ante la falta de progreso en proyectos y objetivos.

Estrategias para evitar la procrastinación:

- Establecimiento de plazos: establece plazos claros y realistas para la toma de decisiones.

- Priorizar decisiones: hazlo según su urgencia e importancia.

- Delegación de tareas: cuando sea apropiado, delega tareas y decisiones a los miembros del equipo.

- Fomento de la acción: impulsa una cultura de acción y responsabilidad en la organización.

CONCLUSIONES

1. **Fomentar una cultura de toma de decisiones basada en datos:** promueve el uso de datos y análisis para tomar decisiones.

   Aplicación: proporciona acceso a herramientas y tecnologías que faciliten la recopilación y el análisis de datos.

2. **Desarrollar habilidades de agilidad en la toma de decisiones:** como líder debes tener la capacidad de transmitir a tu equipo agilidad y capacidad para adaptarse a cambios y desafíos del entorno.

   Aplicación: ofrece programas de formación en agilidad y toma de decisiones rápidas y efectivas.

3. **Implementar herramientas de apoyo a la decisión:** utiliza herramientas y técnicas, como el análisis FODA, análisis de decisiones y análisis de escenarios.

   Aplicación: integra estas herramientas en el proceso de toma de decisiones y capacita a los empleados en su uso.

4. **Fomentar una cultura de acción y responsabilidad:** promueve una cultura donde se valore la acción y la responsabilidad.

   Aplicación: establece una expectativa clara y proporciona incentivos para que la toma de decisiones sea proactiva y responsable.

Como hemos visto, la toma de decisiones es una habilidad esencial para el liderazgo activo. Como referente, la teoría de Klein es excepcional para entender el funcionamiento de la toma de decisiones y, además, existen multitudes de herramientas prácticas que te pueden ayudar para que todas las decisiones que tomes en tu empresa estén informadas y sean efectivas. Recuerda la importancia de la agilidad, sobre todo en el entorno empresarial actual, para poder responder con rapidez a los cambios y aprovechar las oportunidades.

CAPÍTULO 9: INNOVACIÓN Y ADAPTACIÓN

***

El entorno empresarial es vibrante, cambiante y es el marco donde las organizaciones necesitan de un liderazgo que tenga dirigida su brújula hacia dos rumbos fundamentales: la innovación y la adaptación. Ambos componentes son fundamentales para mantener la relevancia y el crecimiento de cualquier organización. Son capacidades que permiten definir la sostenibilidad de una empresa y su propia capacidad para liderar en un mercado tan competitivo.

Como líder debes fomentar una cultura de innovación dentro de tu equipo; debes adaptarte a los cambios del mercado y conocer cómo otras empresas han llevado a cabo estos procesos, consiguiendo destacar gracias a su enfoque innovador.

Por ejemplo, Carla es líder de equipo de una empresa tecnológica. Siempre reserva parte de las reuniones semanales para que su equipo pueda exponer y compartir nuevas ideas. No importa que sean ideas descabelladas e irrealizables: cada idea se discute con respeto y curiosidad. Algunas de estas ideas, surgidas de la improvisación, han permitido abrir nuevas vías de investigación o han mejorado los procesos, pero, sobre todo, se trata de aumentar la moral del equipo para que todo el mundo se sienta escuchado y valorado.

FOMENTANDO UNA CULTURA DE INNOVACIÓN

Como líder debe existir una intencionalidad en cada decisión. Esto se consigue con una actitud proactiva, que fomente la cultura de la innovación. Esto no se refiere a la adquisición de nuevas tecnologías o de maquinaria innovadora; se trata de crear un entorno donde la creatividad y la experimentación se valoren y promuevan con un objetivo claro y definido.

TÉCNICAS DE INNOVACIÓN APLICABLES A LA GESTIÓN DE PERSONAS

Un líder debe conocer las técnicas de innovación existentes para escoger una estrategia que le permita tener un equipo proactivo, que implemente las decisiones que mejoren los objetivos de la empresa. Existen una serie de técnicas que podrán ayudarte en el fomento de la cultura de la innovación:

- **Design thinking:** es una metodología centrada en la persona que permite resolver problemas complejos a los que se enfrentan las empresas, a través de la empatía, la definición del problema, la ideación, el prototipaje, la creación de muestras y la prueba. *design thinking* es, además, un enfoque muy efectivo para la gestión de personas: el individuo es el centro del proceso de resolución de problemas. Si en el ejemplo anterior Carla necesita llevar a cabo la rotación de su equipo, con la utilización del *design thinking* podrá organizar talleres para que los miembros del equipo puedan compartir sus experiencias y sentimientos sobre su trabajo.

Gracias a estas sesiones, Carla y su equipo lograrán identificar áreas problemáticas y, todos juntos, podrán idear soluciones, desde programas de mentoría hasta un sistema de reconocimiento basado en puntos.

- *Learn startup:* este método se hizo popular gracias al libro de Eric Ries *The Lean Startup* (2011) que se basa en la creación rápida de prototipos, la experimentación constante y el aprendizaje validado. El enfoque de este libro se dirigía a empresas de nueva creación, pero actualmente se puede aplicar también en la gestión de personas. Así, siguiendo con el ejemplo anterior, Carla puede utilizar este enfoque para mejorar el proceso de incorporación de nuevos empleados con el desarrollo de un programa más interactivo, dirigido a un pequeño grupo y ajustándolo según el *feedback* que reciba.

- **Método *agile*:** se utiliza para el desarrollo de *software* y se centra en la entrega rápida y continua de productos mediante la colaboración y la flexibilidad. Sus principios son: la adaptación al cambio, la entrega incremental y la mejora continua, además de la gestión de personas. Por ejemplo, Carla podría implementar este método para la gestión de proyectos de su equipo, dividiendo los objetivos en *sprints* de dos semanas y revisando su progreso de forma regular.

- **Teoría U:** esta teoría fue desarrollada por Otto Scharmer y se centra en la transformación profunda del liderazgo y la gestión, a través de la observación profunda, la reflexión y la acción emergente. Es un enfoque muy útil para abordar problemas complejos y fomentar la innovación disruptiva. Por ejemplo, con los principios de esta teoría Carla organiza sesiones de observación profunda y diálogo abierto con su equipo para comprender mejor las dinámicas internas y las barreras para la innovación; así se facilita un proceso de creación conjunta de nuevas estrategias.

ADAPTACIÓN A LOS CAMBIOS DEL MERCADO

La clave es la adaptación, pues los cambios son constantes en un entorno de mercado y es preciso ajustar estrategias y operaciones para amoldarse a una situación nueva. En este punto hay que destacar conceptos como los cisnes negros, donde los entornos VUCA y BANI juegan un papel crucial.

El término de cisne negro proviene de un libro titulado del mismo modo, *El Cisne Negro* (2007), de Nassim Nicholas Taleb y se refiere a eventos altamente improbables y de gran impacto. Son momentos que pueden desestabilizar organizaciones que no estén preparadas para lo inesperado.

En cuanto los entornos mencionados, por un lado, VUCA (acrónimo de volatilidad, incertidumbre, complejidad y ambigüedad) describe la naturaleza del mundo en que vivimos y los desafíos que deben afrontar las organizaciones para adaptarse. Por otro lado, el concepto BANI (*Brittle* 'frágil', *Anxious* 'ansioso', *Non-linear* 'no lineal' e *Incomprehensible* 'incomprensible') ofrece una visión actualizada y más adaptada a los tiempos actuales del entorno donde operan las empresas.

CASOS DE ESTUDIO DE EMPRESAS INNOVADORAS ESPAÑOLAS

1. **ZARA (Inditex):** su modelo de negocio es altamente flexible y le permite adaptarse con rapidez a las tendencias cambiantes de la moda. Su cadena de suministro es ágil y con capacidad para responder a la demanda en tiempo real. Por ello puede lanzar nuevas colecciones en apenas unas semanas. Esto permite que ZARA mantenga su competitividad en un mercado volátil.

2. **Telefónica:** empresa líder en la adopción de tecnologías de telecomunicaciones y servicios digitales. Su inversión fundamental ha sido en innovación, sobre todo en el desarrollo de la red 5G y soluciones de Internet de las cosas (IoT). También ha implementado programas internos de innovación abierta para fomentar nuevas ideas y proyectos.

3. **Banco Santander:** pionero en implementar soluciones *fintech*, además de invertir en *startups* tecnológicas. Gracias al programa «Santander InnoVentures» para financiar y apoyar la innovación en servicios financieros ha conseguido impulsar la transformación digital del sector bancario.

4. **BBVA:** otro ejemplo de banco que ha adoptado la innovación como parte de su estrategia central, gracias al desarrollo de aplicaciones móviles avanzadas con inversión en *blockchain* y al fomento de la innovación interna, a través de *hackathons* y programas de incubación de *startups*.

5. **Repsol:** innovación en el sector energético con una importante inversión en energías renovables y tecnologías de reducción de emisiones. Con la creación de Repsol Tech Lab han conseguido constituir un centro de investigación y desarrollo donde trabajan soluciones innovadoras para el futuro energético.

6. **Iberdrola:** se destaca por su innovación en energías renovables, sobre todo en energía eólica y solar. Su éxito radica en proyectos piloto de redes inteligentes (*smart grids*) y en tecnologías de almacenamiento de energía y movilidad eléctrica.

7. **Mango:** a través de la inteligencia artificial y el *big data* ha mejorado la gestión de inventarios y la experiencia del cliente. También la utilización de algoritmos de aprendizaje automático les ha permitido predecir tendencias y optimizar la cadena de suministro.

8. **Cabify:** la innovación en servicios de movilidad le ha permitido a esta empresa revolucionar el transporte en España, gracias a la utilización de tecnologías avanzadas de geolocalización y análisis de datos para mejorar la eficiencia y la experiencia del usuario.

9. **Glovo:** su plataforma tecnológica ha sido clave para transformar el sector de las entregas a domicilio, ya que conecta a los usuarios con una red de repartidores. Ha impulsado una innovación en logística que ha expandido su oferta de servicios para incluir entregas de alimentos, productos de supermercado y mucho más.

10. **Mercadona:** su modelo de innovación se centra en el cliente y desarrolla productos y servicios basados en sus necesidades y sugerencias. También ha invertido en automatización y tecnología que optimiza sus operaciones logísticas.

11. **Grifols:** líder dentro del sector de la salud gracias a la innovación de productos derivados del plasma, con una importante inversión en investigación y desarrollo para la mejora de sus procesos y productos.

12. **Seat:** esta empresa automovilística ha destacado por la adaptación de tecnologías avanzadas en sus procesos de producción y diseño de vehículos, además de su inversión en movilidad eléctrica y soluciones de conectividad para crear vehículos más sostenibles y eficientes.

13. **Acciona:** su enfoque principal ha derivado hacia la sostenibilidad y la innovación en infraestructuras y energías renovables. Esta empresa cuenta con proyectos pioneros en energía solar, eólica y biomasa, y su contribución es fundamental para la transición energética global.

14. **Ferrovial:** la implementación de tecnologías innovadoras en sus proyectos, además del uso de drones para la inspección de obras y la aplicación de inteligencia artificial, han conseguido optimizar la gestión de infraestructuras. También permitió un importante desarrollo de soluciones de movilidad sostenible.

15. **Almirall:** esta farmacéutica invierte en innovación para el desarrollo de nuevos medicamentos y tratamientos, además de colaborar con centros de investigación y *startups* biotecnológicas para acelerar la innovación en el sector de la salud.

Todos estos casos de éxito de empresas españolas son una muestra de adaptación a un entorno cambiante gracias a la innovación como estrategia central, que mantiene su competitividad y relevancia en sus respectivos sectores.

Los líderes de estas empresas han fomentado una cultura de innovación para poder adaptarse a cambios imprevistos, toda una muestra de éxito de un liderazgo activo. A través de técnicas como el *design thinking, learn startup, agile* y la teoría U, los líderes han guiado a sus respectivos equipos hacia la creatividad, la experimentación y la mejora continua. Son una muestra de su capacidad para enfrentar los desafíos del mercado y el aprovechamiento de nuevas oportunidades.

Capítulo 10: LIDERAZGO EN TIEMPOS DE CRISIS

***

Imagina un barco que, tras navegar por aguas tranquilas, se encuentra con una inesperada tormenta que se desata a su alrededor, embraveciendo el mar y poniendo a prueba no solo la integridad del barco, sino también la habilidad y el temple del capitán y de su tripulación. De igual manera puede suceder una crisis en el mundo empresarial. No importa la preparación de un equipo directivo: siempre habrá momentos en los tendrás que enfrentarte a situaciones imprevistas y desafiantes, que pondrán a prueba tu capacidad de liderazgo.

¿Cómo gestionar una crisis externa? ¿Y una crisis interna? Como líder deberás dirigir tus esfuerzos hacia una comunicación efectiva, ya que es la clave que puede marcar la diferencia entre el caos y la resiliencia.

Gestionar una crisis es una habilidad esencial y necesaria para cualquier líder. Por crisis entendemos a todos aquellos acontecimientos inesperados que pueden impactar directamente sobre la organización. Estos surgen de múltiples fuentes: problemas financieros, fallos en la tecnología, desastres naturales, cambios repentinos del mercado o también por la irrupción de una pandemia. Cada crisis tiene sus propias características; no existe una fórmula genérica para afrontarlas a todas y será fundamental tu capacidad de liderazgo para tomar de decisiones rápidas y efectivas, para impulsar claridad y coherencia en la comunicación, o para mantener la moral y la motivación de tu equipo en situaciones de crisis.

GESTIÓN DE CRISIS INTERNAS Y EXTERNAS

Para gestionar una crisis es crucial comprender y analizar su naturaleza y origen. Una crisis interna será aquella que surge por problemas financieros, conflictos entre empleados, fallos en los sistemas o en la tecnología de la organización. Las crisis externas dependen de desastres naturales, cambios en el mercado o pandemias globales.

TEORÍAS DE GESTIÓN DE CRISIS

1. Teoría del gestor de crisis de Hermann (1963)

En 1963, Charles F. Hermann teoriza su idea de Gestor de crisis: la capacidad de los líderes para tomar decisiones rápidas y efectivas bajo presión. Para Hermann existen cuatro tipos de decisiones de crisis: adaptativa, reactiva, inactiva y proactiva. Según su teoría, un líder eficaz en tiempos de crisis debe mostrar competencias clave, como la toma de decisiones bajo circunstancias de estrés, una apuesta por la comunicación clara y su propia capacidad de adaptación a situaciones de cambio. Además, Hermann destaca la importancia de una adecuada preparación y la puesta en práctica en la mejora de las habilidades de gestión de crisis.

2. Teoría del cisne negro de Taleb (2007)

La Teoría del cisne negro de Nassim Nicholas Taleb describe aquellos eventos raros e impredecibles que tienen un impacto enorme sobre las organizaciones, y que pueden racionalizarse de forma retrospectiva. Para ello, Taleb argumenta que los líderes deben estar preparados para lo inesperado y desarrollar la resiliencia organizacional. Esto implica la creación de sistemas que sean robustos y capaces de adaptarse con rapidez a nuevas realidades. La Teoría del cisne negro destaca la necesidad de flexibilidad en las empresas y la capacidad de aprendizaje continua para la gestión de las crisis.

3. Modelo de gestión de crisis de Fink (1986)

Este modelo desarrollado por Steven Fink está compuesto por cuatro fases: el período de latencia, el desencadenante agudo, la fase crónica y la fase de resolución. Para Fink, los líderes deben advertir las señales tempranas de una crisis (período de latencia) y estar preparados para responder de manera efectiva cuando la crisis sea una realidad. En la fase crónica, la importancia radica en la gestión continua de la crisis, y en la fase de resolución un líder debe enfocarse hacia la recuperación y la evaluación de las lecciones aprendidas.

4. Modelo de gestión de crisis de Coombs (2007)

El denominado Modelo de gestión de crisis situacional (SCCT) desarrollado por W. Timothy Coombs enfatiza la importancia de la comunicación en la gestión de crisis. Para Coombs, hay tres fases en la gestión de la crisis: prevención, preparación y respuesta. Según esta teoría, la comunicación eficaz durante una crisis puede ayudar a mitigar el daño a la reputación de la organización y mantener la confianza de los *stakeholders*. Coombs también destaca la necesidad de adaptar estrategias de comunicación según la tipología y severidad de una crisis.

5. Modelo de gestión de crisis de Mitroff (2001)

El Modelo integral de gestión de crisis propuesto por Ian I. Mitroff incluye cinco fases: detección, prevención, preparación, respuesta y recuperación. Para Mitroff, la gestión de toda crisis debe ser un proceso continuo y proactivo; deben ser los líderes quienes identifiquen y aborden los riesgos potenciales de las crisis venideras para estar preparados y responder con efectividad. Para Mitroff, la recuperación ante una crisis no es la solución final, sino que supone la implementación de cambios que evitarán futuras crisis.

FASES MÁS IMPORTANTES PARA GESTIONAR UNA CRISIS

1. **Detección y señales tempranas:** la identificación de señales tempranas ante una potencial crisis es fundamental para una gestión efectiva. Por ello es necesario monitorear el entorno interno y externo para poder detectar a tiempo las posibles amenazas. Con una detección temprana, el líder podrá tomar medidas preventivas para que su organización esté preparada para afrontar la crisis.

2. **Preparación y planificación:** debe existir una previa preparación ante una crisis con el desarrollo de planes de contingencia y la capacitación de los equipos en la gestión de crisis. Todo líder deberá establecer procedimientos claros que puedan responder a diferentes tipologías de crisis, y asegurar que cada miembro del equipo comprende su rol, su competencia y sus responsabilidades ante una situación crítica.

3. **Respuesta y ejecución:** el líder debe implementar planes de contingencia para responder de forma activa a la crisis. En esta etapa será esencial la toma de decisiones con rapidez, una clara y coherente comunicación y una adecuada gestión del estrés.

4. **Gestión continua y adaptación:** este tipo de gestión supone monitorear la evolución de la crisis y adaptar las estrategias según sea necesario. El líder deberá ser flexible para ajustar sus planes según la información recibida y las circunstancias variables.

5. **Recuperación y evaluación:** cuando la situación de crisis está controlada, la fase de recuperación se enfocará en restaurar la normalidad y evaluar las lecciones aprendidas. El líder deberá analizar la respuesta a la crisis, identificar las áreas de mejora e implementar cambios que permitan fortalecer la resiliencia organizacional.

GESTIÓN DE CRISIS INTERNAS

Una crisis interna suele estar relacionada con algún tipo de problema propio de la organización. Por ejemplo, una empresa de tecnología se enfrenta a un fallo masivo de su sistema de seguridad y quedan expuestos miles de datos de clientes. Ante una situación así, la primera reacción del equipo directivo será crucial: el liderazgo deberá ser transparente, asumir su responsabilidad y actuar con rapidez para solventar el problema.

Teoría aplicada: la Gestión de crisis de Hermann destaca la capacidad de decisión rápida y efectiva de un líder bajo presión. La toma de decisiones bajo estrés, la comunicación clara y la capacidad de adaptación serán clave para demostrar la eficacia de un líder en tiempos de crisis.

Ejemplo real: en 2015, la empresa automovilística Volkswagen se vio envuelta en un escándalo cuando se descubrió que había manipulado pruebas de emisiones en sus vehículos. La primera reacción de la empresa fue defensiva y nefasta, ya que condujo a un agravamiento de la crisis. Pero la irrupción del nuevo CEO de Volkswagen, Matthias Müller, supuso un cambio de rumbo, ya que se adoptó un enfoque más transparente, se reconocieron los errores y se trabajó en la reparación y mejora de la imagen de la empresa. Con ello se consiguió recuperar progresivamente la confianza del público y de los reguladores.

GESTIÓN DE CRISIS EXTERNAS

Una crisis externa surge por factores ajenos al control de la organización. Un claro y reciente ejemplo lo encontramos en la pandemia de la COVID-19 que afectó a todas las industrias del planeta. Todas las organizaciones tuvieron que adaptarse con rapidez a un entorno de trabajo remoto, gestionar interrupciones en la cadena de suministro y enfrentarse a una incertidumbre económica sin precedentes.

Teoría aplicada: un claro ejemplo es el de la teoría del cisne negro de Nassim Nicholas Taleb que describe eventos raros e impredecibles que tienen un profundo impacto. Ante una situación tan extrema, la capacidad del líder radica en su preparación ante lo inesperado y su capacidad de adaptación a la nueva realidad.

Ejemplo real: la empresa Zoom se convirtió en una plataforma de videoconferencia fundamental durante la crisis del coronavirus; ello impulsó a Eric Yuan, CEO de Zoom, a escalar rápidamente en la infraestructura, mejorar la seguridad y adaptarse a las necesidades de una base de usuarios en rápida expansión.

COMUNICACIÓN EFECTIVA DURANTE LA CRISIS

Durante una crisis, la comunicación se convierte en una pieza fundamental para un líder. Si la comunicación es efectiva, puede calmar a los empleados, mantener la confianza de los clientes y dirigir a la organización hacia la recuperación.

Como guía para la comunicación en situaciones de crisis, un líder debe tener en cuenta los siguientes aspectos:

1. **Transparencia y honestidad:** un líder debe ser transparente, sincero y honesto ante una situación crítica, incluso si las noticias son malas; la transparencia genera confianza y credibilidad.

2. **Empatía y comprensión:** en toda crisis será crucial mostrar empatía y comprensión hacia las preocupaciones y emociones de los empleados y clientes para humanizar las respuestas de la organización ante una crisis.

3. **Claridad y consistencia:** la comunicación debe ser clara y coherente, y evitar en todo momento el uso de jergas técnicas o mensajes demasiado ambiguos que puedan crear confusión entre los empleados y los clientes.

4. **Canales de comunicación:** un líder debe afrontar una crisis utilizando todos los canales de comunicación posibles (correos electrónicos, reuniones virtuales, comunicados de prensa o redes sociales) para que el mensaje llegue a todos los interesados.

5. **Frecuencia de actualizaciones:** como líder deberás mantener informadas a todas las personas implicadas en la crisis con actualizaciones regulares; aunque no haya novedades importantes o relevantes es necesario comunicar el estado de la situación para mantener la confianza.

6. **Acciones concretas:** toda comunicación debe ir acompañada de las acciones concretas que está emprendiendo la empresa para mostrar la estrategia de la organización y abordar la crisis. Es una muestra de un líder que no solo tiene buenas palabras, sino que también actúa.

Ejemplo real: durante la pandemia de la COVID-19, muchas empresas se vieron forzadas a cerrar las oficinas para evitar el contacto entre los empleados y fomentar el teletrabajo. Un ejemplo de liderazgo en esta situación de crisis fue Microsoft. Su CEO, Satya Nadella, envió comunicados regulares a sus empleados y clientes para explicar, con claridad y transparencia, las medidas que la empresa estaba llevando a cabo para garantizar su seguridad y continuidad en el negocio. Nadella mostró empatía al reconocer los desafíos personales y profesionales a los que se enfrentaban sus empleados y proporcionó recursos para ayudarles a adaptarse al trabajo en remoto. Gracias a esta comunicación transparente y empática se pudo mantener la moral y la productividad en un momento de gran incertidumbre global.

LA IMPORTANCIA DEL LIDERAZGO EN TIEMPOS DE CRISIS

Un líder en tiempos de crisis no solo debe resolver problemas inmediatos, sino también debe guiar a la organización con integridad, empatía y claridad. La gestión efectiva de una crisis, ya sea externa o interna, no solo ayuda a una organización a sobrevivir, sino también a su posicionarse para prosperar en el futuro.

Hay una serie de razones que puede adoptar el liderazgo sistémico en tiempos de crisis:

1. **Resiliencia organizacional:** el enfoque sistémico permite a los líderes entender las interconexiones dentro de la organización y cómo los cambios afectan al sistema en su conjunto, fortaleciendo así la resiliencia.

2. **Adaptabilidad y flexibilidad:** un líder que es sistémico está mejor preparado para adaptarse a situaciones cambiantes, ajustando la estrategia y los planes según su necesidad para abordar, así, nuevas realidades.

3. **Empoderamiento del equipo:** cuando se fomenta una cultura de confianza y de colaboración, los liderazgos sistémicos apoyan a sus equipos a la hora de tomar decisiones informadas y actúan con rapidez durante una crisis.

4. **Visión holística:** es un enfoque que permite a los líderes contemplar en panorama completo, anticipar problemas y oportunidades, además de diseñar respuestas estratégicas a corto y largo plazo.

El liderazgo en tiempos de crisis requiere una combinación de habilidades, teorías y prácticas que permitan a los líderes navegar por aguas turbulentas con confianza y competencia. Al adoptar un enfoque sistémico no solo se mejora la capacidad de respuesta a las crisis, también se fortalece la organización en su conjunto para afrontar un futuro lleno de incertidumbre y de oportunidades.

Capítulo 11: EL CAMINO HACIA EL LIDERAZGO ACTIVO

***

«El liderazgo tiene la capacidad de influir, motivar y guiar a sus empleados hacia un objetivo común»: esta definición de liderazgo es demasiado básica para el mundo actual, que es más profundo, complejo y está en constante expansión y transformación.

Este libro titulado *LiderHazAlgo* se basa en la exploración de las múltiples facetas del liderazgo activo, una filosofía que promueve la integración de un líder dentro de su equipo y fomenta un ambiente de apoyo mutuo, aprendizaje constante y crecimiento colectivo.

Un liderazgo activo es mucho más que un conjunto de acciones o técnicas: es una forma de ser, una actitud que permea con cada interacción, con cada decisión y movimiento que realizas como líder. Una premisa fundamental es la profunda implicación con tu equipo, más allá de una posición de control o de autoridad, se trata de priorizar y destacar la capacidad de colaboración, apoyo y humildad. La esencia del liderazgo activo es la capacidad de escuchar, comprender y responder a las necesidades de los demás y crear un ambiente donde todos se sientan valorados y empoderados para contribuir con lo mejor de cada uno.

Un pilar fundamental como líder activo es la **humildad**. Esto no significa que debas minimizar tus logros o capacidades como líder, sino de reconocer, más allá de tu visión y dirección clara, que necesitas de los demás para poder alcanzar la plenitud de tu liderazgo. Ello supone abrirse a ideas y perspectivas de los demás para que enriquezcan tu propia visión y la de la propia organización, además de reconocer tus errores, aprender de ellos y compartir el éxito alcanzado con tu equipo. Esta forma de liderar crea un ambiente donde todos asumen un papel importante que desempeñar y fomenta un sentido de pertenencia y motivación.

Otra característica crucial de un líder activo es la **honestidad**. La transparencia en la comunicación, la coherencia entre lo que dices y lo que haces, además de la sinceridad en las interacciones, son fundamentales para construir confianza dentro de tu equipo. Al fomentar la honestidad se crea un espacio seguro donde las personas se sienten cómodas expresando sus ideas, preocupaciones y opiniones. Ante las dificultades y desafíos, la honestidad también es crucial para evitar «maquillar la realidad» y evitar confrontaciones. Cuando enfrentas la verdad con valentía, inspiras a tu equipo para seguir esa misma línea y se fortalece la resiliencia colectiva.

Con la **cercanía** podrás conectar con tu equipo a desde un lugar humano. No se trata de dar órdenes desde un despacho aislado de la realidad: debes estar presente, escuchar y entender las realidades diarias de tu equipo. El liderazgo activo rompe las barreras jerárquicas tradicionales y fomenta una relación más personal y empática con cada miembro del equipo. La cercanía demuestra que valoras a cada persona por lo que es, más allá de su contribución laboral. Es un enfoque que genera lealtad, confianza y un ambiente de trabajo más cohesionado.

Un líder activo requiere de una **actitud constructiva** que ofrece retroalimentación sincera y directa, y sabe manejar situaciones difíciles con el objetivo permanente de ayudar a mejorar a los demás. Un líder activo no trata de criticar o culpar, sino de proporcionar orientación, apoyo y herramientas necesarias para que cada persona pueda superar sus desafíos y crecer profesionalmente. Este enfoque mejora el rendimiento individual, refuerza la confianza en el equipo y promueve un ambiente de aprendizaje continuo.

El líder activo no es una entidad superior o separada del resto de la organización; no es un satélite independiente, sino que forma parte de un equipo. Se involucra en las tareas, está disponible para ayudar y para ser un ejemplo a seguir en términos de ética de trabajo, comportamiento y actitud. La **integración** del líder fomenta una cultura de igualdad y respeto, donde todos se sienten valorados y motivados para contribuir a la organización.

Un líder activo no impone su visión desde un posicionamiento superior, sino que trabaja con su equipo en una **visión compartida** que todos puedan abrazar y sentirse parte. Este proceso de creación compartida garantiza una visión más completa y realista, además de permitir que todos los miembros del grupo estén alineados y comprometidos con los objetivos comunes. El compromiso y la motivación de tus empleados serán más fuertes si estos sienten que contribuyen en la dirección del equipo.

El liderazgo activo implica un **compromiso constante con el desarrollo personal y profesional.** Un líder activo no solo busca su propio crecimiento, sino que también se compromete a apoyar el crecimiento de cada miembro del equipo. Ello se consigue gracias a ofrecer oportunidades de formación, proporcionar mentoría y *coaching* o simplemente estar disponible para conversar sobre las aspiraciones y desafíos de los demás. Cuando se fomenta un ambiente de aprendizaje y crecimiento, se prepara al equipo para afrontar los desafíos futuros con confianza, además de mejorar su capacidad para cumplir con sus responsabilidades actuales.

La **empatía** también es otra característica fundamental del liderazgo activo. Debes entender y compartir los sentimientos de los demás para construir relaciones fuertes y efectivas dentro del equipo. Así podrás comprender las motivaciones, las preocupaciones y las necesidades de tu equipo para tomar decisiones más informadas y justas. También podrás anticipar problemas antes de que se conviertan en conflictos, y ofrecer el apoyo necesario para ayudar a los miembros del equipo a superar dificultades personales y profesionales.

Un liderazgo activo se basa en la **acción.** Más allá de planificar o hablar sobre lo que se debe hacer, hay que tomar medidas concretas para llevar a cabo esos planes. Para ello, deberás ser un líder proactivo: los problemas no se resuelven por sí solos. Actúa con determinación para resolver los problemas, aprovecha las oportunidades y guía a tu equipo hacia el éxito.

Todos estos principios describen a un líder activo en distintos tipos de contextos y situaciones, desde la comunicación efectiva hasta la gestión de conflictos, pasando por la motivación o el desarrollo del equipo. Un liderazgo activo ofrece un enfoque integral que puede transformar la manera en que lideras a tu equipo y cómo te relacionas con cada persona de tu organización.

Gracias a este enfoque se mejora el rendimiento y la cohesión del equipo, pero sobre todo este contribuye a crear un ambiente de trabajo más saludable y satisfactorio. Tu equipo se sentirá apoyado, valorado y motivado para dar lo mejor de sí mismo. El liderazgo activo tiene un impacto positivo en tu equipo y en ti mismo, ya que podrás encontrar en la colaboración y en el apoyo mutuo una fuente constante de crecimiento y de satisfacción.

Si quieres dar el paso hacia el liderazgo activo, estarás dando un avance crucial hacia la construcción de un equipo más fuerte, más cohesionado y de mayor éxito. Y estarás contribuyendo en la creación de un ambiente de trabajo más humano, donde cada persona se sienta valorada, apoyada y motivada para poder alcanzar su máximo potencial.

El verdadero poder del liderazgo activo radica en la capacidad de transformar vidas, comenzando por la tuya.

Este libro supone un viaje hacia la comprensión y la aplicación del liderazgo activo. Creo y espero que su lectura te inspire para aplicar estas ideas o parte de ellas, en tu vida profesional y que puedas compartirlas también con otras personas, otros líderes como tú. Te confieso, también, que el liderazgo activo no es solo para líderes: es una filosofía de vida que todos podemos adoptar para mejorar nuestras relaciones, nuestro día a día, una filosofía que puede transformar nuestras propias vidas.